I0538474

BESTACTIVITYBOOKS.COM

PRIMA EDIZIONE 2022

Illustrazione Grafica Extra: www.freepik.com
Grazie a Alekksall, Starline, Pch.vector, Rawpixel.com, Vectorpocket, Dgim-studio, Upklyak, Macrovector, Stockgiu, Pikisuperstar & Freepik.com Designers

5 CONSIGLI PER INIZIARE

1) COME RISOLVERE LE PAROLE INTRECCIATTE

I puzzle hanno un formato classico:

- Le parole sono nascoste senza spazi o trattini,...
- Orientamento: Le parole possono essere scritte in avanti, indietro, verso l'alto, verso il basso o in diagonale (possono essere invertite).
- Le parole possono sovrapporsi o intersecarsi.

2) APPRENDIMENTO ATTIVO

Accanto ad ogni parola c'è uno spazio per scrivere la traduzione. Per incoraggiare l'apprendimento attivo, un **DIZIONARIO** alla fine di questa edizione vi permetterà di controllare e ampliare le vostre conoscenze. Cerca e scrivi le traduzioni, trovale nel puzzle e aggiungile al tuo vocabolario!

3) SEGNARE LE PAROLE

Puoi inventare il tuo sistema di segni. Forse ne usi già uno? Per esempio, puoi segnare le parole difficili da trovare con una croce, le parole preferite con una stella, le parole nuove con un triangolo, le parole rare con un diamante, e così via.

4) STRUTTURARE L'APPRENDIMENTO

Questa edizione offre un **TACCUINO** alla fine del libro. In vacanza, in viaggio o a casa, puoi organizzare facilmente le tue nuove conoscenze senza bisogno di un secondo quaderno!

5) AVETE FINITO TUTTE LE GRIGLIE?

Nelle ultime pagine di questo libro, nella sezione della **SFIDA FINALE**, troverete un gioco gratuito!

Facile e veloce! Dai un'occhiata alla nostra collezione di libri di attività per il tuo prossimo momento di divertimento e **apprendimento,** a portata di clic!

Trova la tua prossima sfida su:

BestActivityBooks.com/MioProssimoLibro

Ai vostri posti, pronti...Via!

Sapevi che ci sono circa 7.000 lingue diverse nel mondo? Le parole sono preziose.

Amiamo le lingue e abbiamo lavorato duramente per creare libri di altissima qualità. I nostri ingredienti?

Una selezione di argomenti adatti all'apprendimento, tre buone porzioni di intrattenimento, una cucchiaiata di parole difficili e una spolverata di parole rare. Li serviamo con amore e entusiasmo in modo che tu possa risolvere i migliori giochi di parole e divertirti imparando!

La vostra opinione è essenziale. Puoi partecipare attivamente al successo di questo libro lasciandoci un commento. Ci piacerebbe sapere cosa ti è piaciuto di più di questa edizione.

Ecco un link veloce alla pagina dell'ordine:

BestBooksActivity.com/Recensione50

Grazie per il vostro aiuto e buon divertimento!

Tutta la squadra

1 - Scacchi

س	ا	م	ف	ش	ح	ع	ع	خ	آ	م	م	ص	م	ع	ة
ل	ل	ن	م	آ	م	ظ	ز	س	ز	ل	ة	ث	ض	ل	س
ش	خ	ب	ش	و	إ	ش	ت	ش	ك	ع	ع	د	ط	ط	ف
ئ	ص	ك	ا	ط	آ	ة	ك	ل	م	ت	ا	ز	ل	ح	ا
ظ	م	إ	س	ت	ر	ا	ت	ي	ج	ي	ة	آ	ئ	ل	ن
ص	ن	ب	ت	ى	ى	ب	ع	ي	ا	ل	و	ق	ت	ل	م
ب	ض	ي	ب	أ	ي	ت	ى	ؤ	ط	ص	ا	ح	ع	و	ة
ف	ث	ن	خ	إ	ة	ع	م	أ	س	و	د	ب	ث	ه	و
ت	ب	ي	ر	ط	ق	ل	ط	ب	ط	ي	ه	س	خ	ج	ض
ض	ص	د	س	إ	ب	ش	ذ	ك	ا	س	ح	ع	ت	م	ر
ح	ب	ع	ا	ل	ا	آ	ك	ت	ق	ث	ز	ج	ب	ل	ب
ي	ة	ا	ة	غ	س	ت	ي	ا	ن	خ	ل	إ	ط	ل	ت
ة	ك	و	ف	غ	م	ش	إ	ث	ل	ئ	ض	خ	آ	ي	ق
ض	خ	ق	إ	م	آ	ة	ر	ت	ا	و	ت	ة	س	ن	د
ج	و	ذ	ط	ت	ض	ج	ظ	ن	ل	ص	خ	ز	ئ	ب	ت
و	ش	ئ	إ	س	خ	ل	ب	غ	ص	ع	ع	و	و	م	ذ

ليتعلم
النقاط
ملك
ملكة
قواعد
تضحية
التحديات
إستراتيجية
الوقت
مسابقة

الخصم
أبيض
بطل
منافسة
قطري
لاعب
لعبه
ذكي
أسود
مبني للمجهول

2 - Salute e Benessere #2

ا	ع	ث	ظ	ل	م	إ	ش	آ	ش	ط	ف	ي	ع	ط	ا
ل	ل	ف	ح	ي	ر	ش	ت	ف	ب	ك	ي	ل	د	ت	ل
ن	م	ي	ج	ح	ض	ن	ه	ؤ	ت	إ	ذ	ع	و	ل	ت
ظ	ا	ت	ح	ص	س	ي	ي	ي	د	م	خ	ة	ى	ت	ع
ا	ل	ا	ة	ص	ى	ب	ق	ا	ة	ي	م	ح	ؤ	ف	ا
ف	و	م	و	و	س	ط	ؤ	ح	ث	ك	ر	ف	آ	ض	ف
ة	ر	ي	ي	ز	ن	آ	ؤ	ى	ج	ك	و	إ	د	ر	ي
ت	ا	ن	ئ	ط	ا	ق	ة	ظ	ل	ظ	س	ز	ض	م	س
ض	ث	س	إ	ج	خ	س	ص	و	ذ	آ	ث	ت	ن	ظ	م
ف	ة	ق	ت	ظ	ب	ح	س	ا	س	ي	ة	د	ي	ب	ظ
خ	ل	ظ	ج	س	ظ	ب	ذ	ظ	ض	غ	خ	ذ	ط	ح	ز
ع	ض	ص	ف	ح	ل	ت	ذ	آ	و	ز	م	س	ب	ظ	ن
ظ	ر	ن	ا	ه	ض	م	غ	إ	ى	ح	ة	ؤ	و	ة	ث
ظ	ض	ى	ف	ش	ت	س	م	ذ	ط	ت	ى	ت	ت	آ	خ
ح	ئ	ش	ض	ز	ت	ي	و	و	ي	ف	ر	ن	ظ	ظ	ى
ل	ت	ث	ت	ن	و	ئ	ي	ث	س	ة	ص	ظ	ث	ك	ف

حساسية
تشريح
شهية
جثة
حمية
هضم
تجفاف
طاقة
علم الوراثة
النظافة

عدوى
مرض
تدليك
تغذية
مستشفى
وزن
التعافي
دم
صحي
فيتامين

3 - Aggettivi #2

ز	ف	خ	و	ر	ا	و	ا	ق	إ	ة	ش	ف	ق	ث	م
ث	ة	ش	م	ن	ذ	خ	ل	و	ؤ	س	م	ح	خ	غ	ج
و	ض	ح	ز	ق	ز	ن	ج	ح	ت	ب	ي	خ	ع	ن	ئ
ى	ن	ى	ك	ي	ع	ك	د	ل	ل	ب	ك	ل	ى	ك	ت
ب	ا	ص	ض	ج	ج	ل	ي	ع	ي	ب	ط	ا	و	ف	و
إ	ى	ق	ج	ا	خ	و	د	ة	ك	ظ	ج	ق	ي	ز	ص
م	ط	و	ن	ت	ز	م	ق	ة	ي	ل	ص	أ	ث	ض	ف
ر	ط	ت	ظ	ن	ؤ	ط	و	و	ت	إ	ج	ج	د	م	ي
م	ش	و	ق	إ	ر	د	ي	ج	ا	ا	ن	ب	ث	ق	ض
ص	ح	ي	غ	ق	ظ	ل	ج	ا	م	ل	ش	آ	ش	خ	و
ط	س	ذ	م	ش	ه	و	ر	ئ	ا	ظ	ث	م	ف	ض	س
أ	ن	ي	ق	ع	ظ	ش	ى	ع	ر	غ	ي	ى	ا	ج	ن
ث	ة	ب	ن	غ	ا	ق	ي	آ	د	خ	ى	ي	ج	ل	ؤ
خ	س	ا	ج	ظ	ك	د	ا	ر	ئ	ب	ع	م	ت	ا	ح
إ	ح	ض	ن	ي	إ	ة	ي	ج	د	ق	ح	ش	س	م	ظ
ع	ة	ظ	ة	ا	ح	ق	ى	ف	ؤ	و	ظ	ح	ف	م	ا

جائع
جاف
أصلي
خلاق
وصفي
حلو
در اماتيكي
أنيق
مشهور
قوي

مشوق
طبيعي
عادي
الجديد
فخور
إنتاجي
نقي
مسؤول
مالح
صحي

4 - Ingegneria

ث	آ	ل	ت	غ	ئ	ى	ت	ط	ي	ى	ظ	ز	ي	ث	ل
غ	ع	ن	غ	ح	ى	ذ	ي	م	ا	آ	ل	ة	ر	س	ر
ز	ب	ث	ث	ح	ئ	ظ	ع	د	ؤ	ق	ط	و	ز	غ	ح
س	و	ط	ج	إ	س	ا	م	م	ر	ب	ة	ق	ش	ا	ئ
ط	ئ	ي	ح	ج	ع	ح	ق	خ	ك	ك	ف	ي	س	ز	ث
ظ	ع	ف	د	ل	ا	د	و	ح	ص	غ	و	ف	و	ع	ط
غ	م	ت	و	ز	ي	ع	ة	ع	ض	ي	ح	ة	ر	ا	ص
ئ	ق	ا	س	ت	ق	ر	ا	ر	ل	ض	س	ئ	ت	ج	ز
ح	د	ظ	آ	ذ	ت	ط	س	ع	ي	و	ز	م	ل	ل	ذ
ن	خ	ئ	ر	ذ	ي	ق	ى	ا	ق	ة	س	ك	ا	م	ئ
ج	ؤ	ي	ق	ذ	م	ط	ي	ط	ظ	ي	ك	ج	ظ	ت	ش
د	و	ر	ا	ن	ح	س	ا	ئ	ل	ب	ا	س	ح	ك	د
إ	ة	آ	ن	ض	ر	و	ح	م	ه	ن	ق	س	ع	ب	د
د	ي	ز	ل	ج	ك	ع	ج	ف	ي	ا	ث	ق	ص	ك	ق
ذ	ر	س	م	ب	ي	ا	ن	ي	ك	ء	ذ	ى	م	س	ت
ت	و	ط	ة	ن	س	ة	ت	ص	ل	ب	ج	ض	ع	م	ض

زاوية
محور
حساب
بناء
رسم بياني
قطر
ديزل
توزيع
طاقة
قوة

التروس
سائل
آلة
قياس
محرك
عمق
الدفع
دوران
استقرار
هيكل

5 - Archeologia

ذ	م	ك	ع	ؤ	ؤ	ف	ض	آ	أ	ي	ق	ش	ح	ع	ث
م	ر	ى	ى	ق	د	غ	ذ	ف	س	ب	ة	ي	ر	ف	ح
ذ	غ	ذ	ث	ب	ق	ذ	ظ	ز	ت	إ	ر	ئ	ف	ر	ا
ؤ	ط	ش	ع	ر	ب	ق	ا	ي	ا	ك	ا	ذ	و	ر	ب
س	د	م	ش	ئ	ؤ	س	ض	ق	ذ	ع	ض	ؤ	إ	ص	ص
آ	غ	ز	غ	ئ	ف	ل	آ	ت	ظ	ل	ح	ث	ل	ش	ت
ة	م	س	آ	ق	ر	ي	ص	ا	ض	ؤ	ل	ى	ر	ك	ق
ا	ل	د	د	ؤ	ي	ل	م	ن	س	ي	ا	آ	ي	ض	ي
ش	م	ي	د	ق	ق	آ	ر	ئ	ئ	ل	إ	ج	ت	د	ي
ؤ	ق	ق	ع	ن	إ	ش	إ	ا	ض	ق	ذ	ث	ش	ج	م
ي	ح	ز	س	س	ظ	ت	خ	ك	ض	م	ع	ر	ي	ب	خ
د	ض	ر	د	م	ح	د	س	ل	ش	غ	ص	ل	ؤ	ؤ	م
خ	ل	ا	و	ذ	ر	ص	ع	ا	ص	ك	غ	ي	ئ	ش	ل
ك	ا	ف	و	ر	ع	م	ر	ي	غ	ز	م	ل	ب	ص	ج
ا	ب	ش	إ	ش	آ	ز	ب	ط	ش	ي	ع	ح	س	ذ	ي
خ	ع	ر	ا	خ	ف	ع	ث	آ	ذ	ث	ؤ	ت	غ	ن	ض

الكائنات
عظام
أستاذ
بقايا
باحث
غير معروف
فريق
معبد
قبر
تقييم

تحليل
قديم
فخار
الحضارة
منسي
سليل
عصر
خبير
حفرية
لغز

6 - Salute e Benessere #1

م	ص	س	أ	ق	ت	ل	ج	ض	ج	ل	آ	ك	ب	ت	ي
آ	ر	ظ	ع	و	ج	ك	ؤ	ف	ى	س	ط	ج	ة	م	ظ
ل	ف	م	ص	م	ع	ط	ص	آ	غ	ر	ذ	ا	س	ط	ك
ة	ت	غ	ا	ن	ي	ز	ع	ا	ى	ذ	ح	ل	ة	ك	ؤ
د	ع	ز	ب	ع	و	غ	ل	ز	إ	ر	ذ	ع	ظ	ص	ر
ا	ب	د	ت	ك	ب	ئ	ا	ث	ط	ة	ج	ل	د	د	ث
ي	ل	خ	ا	س	ي	ك	ج	ا	ر	ت	ف	ا	ع	ظ	ص
ع	ؤ	م	ن	ى	ب	ا	ت	د	و	ا	ء	ع	و	ب	ي
ذ	ز	ش	و	و	ط	س	ا	ي	د	ع	ج	ا	ذ	ق	د
ى	ث	ؤ	م	ق	ف	ت	ل	ق	ر	ص	ق	د	ج	ي	ل
ط	س	و	ر	ي	ف	ر	ض	ئ	ط	ي	ج	ة	س	م	ي
ن	ظ	ت	ه	ض	ذ	خ	ع	ح	إ	ذ	ا	ف	ن	ا	ة
د	ش	غ	ل	ل	ت	ا	ص	ض	غ	ؤ	ش	ذ	ى	ف	ح
ا	ر	ط	ا	ذ	خ	ء	ب	ض	ظ	س	ش	ئ	ث	ذ	ح
ك	س	ر	ج	إ	ق	س	م	ع	ؤ	ي	إ	ذ	ا	ب	ذ
ز	ا	ف	غ	ئ	م	ب	ذ	ؤ	ق	ب	ذ	خ	ق	ط	ب

عضلات
أعصاب
الهرمونات
جلد
الموقف
منعكس
استرخاء
علاج
العلاج
فيروس

عادة
ارتفاع
نشط
بكتيريا
عيادة
جوع
صيدلية
كسر
دواء
طبيب

7 - Aggettivi #1

إ	ا	ح	ب	ؤ	ح	ط	ي	م	ص	ق	ج	ي	و	ح	ط
إ	ش	ن	ق	خ	ى	و	ع	ق	ا	ج	ج	م	ه	م	إ
ض	ق	غ	ث	ن	ج	ي	ة	ن	د	ث	ف	ح	و	خ	ك
ش	ظ	ا	آ	ر	ا	ل	إ	ج	ق	ؤ	ي	ح	ث	ض	ط
خ	ز	ة	ل	آ	ق	م	ؤ	م	ي	ر	ك	ص	ل	م	ا
ة	ق	ب	ا	ط	ت	م	ل	ر	ح	ي	آ	ا	ي	ن	ف
د	ص	خ	ر	ع	ب	ث	ط	س	ز	ب	م	ل	ق	ض	خ
ن	ؤ	إ	خ	ؤ	ذ	ع	م	ص	ب	ك	ص	ى	ث	غ	إ
ش	ح	ض	ط	و	ق	ي	ق	ر	ط	ث	ز	ا	ي	ج	ص
ط	ش	ص	ظ	ة	م	ك	ة	م	ي	ض	ة	س	د	ظ	ب
آ	ن	س	ب	ج	ة	ئ	ة	ط	ء	ف	إ	ق	ح	د	آ
ن	ظ	ا	ل	ز	ك	ا	م	ل	ظ	ئ	ع	ص	ع	ؤ	ك
غ	ز	د	ئ	د	ف	ش	ي	ق	خ	ك	ج	ث	ب	ح	خ
غ	ط	ا	ش	ط	ا	ع	ق	ظ	ط	ذ	ت	س	إ	ع	ل
ؤ	غ	ر	ي	ب	ت	إ	و	ئ	ق	ب	ض	ئ	خ	ى	ظ
ل	خ	ذ	آ	ي	ز	ذ	ذ	ل	ح	ذ	د	ج	ل	ش	ن

طموح
عطري
فني
مطلق
نشط
ضخم
غريب
كريم
شاب
كبير

متطابقة
مهم
بطيء
طويل
حديث
صادق
كامل
ثقيل
ذو قيمة
رقيق

8 - Geologia

ة	م	ر	ت	ا	ر	و	ل	ب	ز	ت	ق	خ	ف	ى	ا
ؤ	ة	غ	ض	ف	ل	ت	خ	ت	ل	ى	ؤ	غ	ع	ز	ل
ض	ج	ز	ط	ر	ت	ك	ة	ل	ز	ز	ج	ع	ف	ج	ص
ح	ب	ر	ع	م	ل	ح	ل	آ	ا	ح	ه	ض	ب	ة	و
س	ز	ذ	ض	ة	د	ف	غ	س	ل	م	ص	ز	ن	ن	ا
ا	ل	م	ر	ج	ا	ن	ب	ب	ي	ض	ر	ا	خ	ئ	ع
ك	ت	ن	ن	ن	و	ا	و	ع	إ	و	ت	ل	ع	ب	د
ؤ	ب	ذ	ق	ث	ي	ك	ل	د	ن	ط	م	م	ح	ل	ا
ذ	ث	ج	غ	ق	ر	ر	ف	م	ط	آ	إ	ع	ع	ب	ا
م	ع	آ	د	ب	ا	ب	ط	ل	غ	ح	ح	ا	ج	ط	ة
غ	ز	ب	ئ	ر	ش	ر	غ	ئ	ق	ح	ج	د	خ	ف	ل
ف	ر	ل	ؤ	خ	و	ن	ة	ح	م	س	ر	ن	ك	ض	ض
ئ	ج	ر	ج	ق	ص	ت	ة	ش	ف	ت	آ	ك	ل	غ	ن
ة	ر	ع	ض	ظ	ث	و	ض	ر	ه	ر	غ	ت	م	ل	ج
س	خ	ا	ن	م	ن	ط	ق	ة	ك	ى	ي	ظ	ر	ي	ش
ط	ب	ق	ة	ا	ق	خ	ئ	ئ	ظ	و	ح	ة	و	ل	ن

حمض
هضبة
الكلسيوم
كهف
قارة
المرجان
بلورات
تآكل
حفرية
سخان

الحمم
المعادن
حجر
مرو
ملح
الصواعد
طبقة
زلزال
بركان
منطقة

9 - Campeggio

ق	و	م	ج	ع	ا	ق	ب	ع	ة	ح	و	ج	ر	أ	ا
إ	ذ	ق	ف	آ	ل	ر	ت	ط	ب	ي	ع	ة	ذ	ل	آ
ة	م	ق	ر	ع	ص	و	ن	ل	ع	ى	م	ر	ح	ب	ى
ر	ع	ص	ي	ن	ي	ز	ت	ؤ	ظ	ح	ف	ي	ن	ح	ث
م	ي	ث	ئ	ف	د	ل	ش	ن	ا	ر	و	ح	ك	س	آ
ا	ط	ز	ص	ا	ص	ا	غ	ظ	ج	ا	ذ	ب	ع	د	د
غ	ة	ر	و	ص	ق	م	ل	ا	ن	ج	ع	ة	ز	ع	ي
م	ئ	س	إ	ذ	ؤ	ب	خ	ا	ح	ش	ر	ة	ئ	ض	ق
ف	آ	إ	ج	ح	خ	ر	ت	ع	ف	أ	آ	ل	د	ق	ؤ
ز	ر	ح	ب	ح	ي	إ	ع	ش	ر	ل	م	ص	د	ع	م
ج	و	ة	ل	ط	ا	ة	م	ي	خ	ا	ض	و	ض	س	ظ
ح	ل	و	ة	ض	إ	ج	خ	ت	ى	ز	ا	ب	ى	ز	ة
خ	ص	ة	ب	ا	غ	ر	خ	ن	ي	ذ	ي	ك	ق	ث	ل
ق	ظ	ق	آ	ق	ب	ى	و	ز	ز	ج	ط	غ	ص	د	ع
ب	ط	ة	س	ظ	ق	ك	د	ن	ي	ك	آ	ئ	د	ص	م
ؤ	ب	ى	ز	ح	غ	ش	ر	ت	ث	ن	ج	غ	ق	ا	ة

الأشجار
أرجوحة
الحيوانات
مغامرة
بوصلة
المقصورة
الصيد
الزورق
قبعة
حبل

مرح
غابة
نار
حشرة
بحيرة
قمر
خريطة
جبل
طبيعة
خيمة

10 - Tempo

غ	ي	ط	ئ	ر	ل	ب	ر	ئ	ط	ي	ص	و	ر	ه	ش
د	ع	ش	ق	ب	ح	ز	ظ	س	ق	ص	ق	ا	ك	ض	و
ة	ل	ص	ا		ص	ك	آ	ا	ص	ت	ئ	ذ	غ	ث	ظ
ذ	ح	ق	ب	ل	م	خ	ز	ب	ا	ش	ح	ث	ن	ت	ك
غ	ظ	ة	ط	ي	ذ	ذ	ا	ل	ل	ي	ل	ل	ق	ف	ر
ا	ة	ح	غ	و	ة	ح	ظ	ص	ل	ش	ع	ص	ت	ؤ	غ
ك	م	ق	ذ	م	ى	ه	ؤ	ن	ى	ل	ب	ق	ت	س	م
ق	ر	ر	ق	ص	ي	ط	م	م	و	ي	ق	ؤ	ر	م	م
ن	ذ	ي	د	ر	غ	ر	ؤ	ئ	ر	ث	ص	ي	ت	أ	ف
ق	ب	ب	ة	ع	ن	ح	ب	ف	ر	ج	ض	د	ق	ة	ب
آ	أ	ا	ق	و	ط	ح	س	ا	ع	ة	ظ	ق	و	ض	ل
ى	س	ز	ي	ب	ز	ن	ن	ر	ق	ن	ظ	س	ي	ل	ن
ق	ب	ر	ق	إ	و	ي	ؤ	ي	ئ	س	ئ	ط	م	ب	ب
د	و	ق	د	ي	ض	ا	ق	ض	و	ف	ا	ذ	ت	ع	ش
ؤ	ع	ص	ى	ى	ل	ب	ا	ت	ر	ا	ل	ع	ق	د	ل
آ	ي	س	ش	آ	ك	د	غ	ك	ي	ث	ؤ	إ	ذ	ب	ن

وقت الظهيرة
دقيقة
لحظة
الليل
اليوم
ساعة
قريبا
قبل
قرن
أسبوع

سنة
سنوي
تقويم
العقد
بعد
مستقبل
يوم
أمس
صباح
شهر

11 - Astronomia

إ	ؤ	ة	م	ظ	ي	ي	خ	ل	ا	ة	ع	ص	م	ؤ	ذ
ك	ك	ح	ر	ظ	ئ	ك	ك	ح	ل	ئ	و	إ	د	ئ	ح
ج	ر	ظ	ت	ش	إ	د	ع	ث	ا	ع	ط	خ	ف	ن	ئ
ة	ج	ش	ا	إ	ذ	خ	ا	ل	ع	ح	ر	ف	ز	د	م
ر	ز	ئ	ق	ى	ظ	ي	ع	ا	ت	ذ	ض	ش	آ	س	ؤ
ؤ	ا	ف	و	ن	ر	ب	و	س	د	ص	ر	م	ع	ز	س
ة	ت	ئ	إ	م	ق	ر	ا	ب	ا	ظ	ق	ث	ب	ك	ع
ل	ع	ؤ	د	ص	ا	ر	و	خ	ل	غ	و	م	ق	و	ا
ة	ف	ل	ح	ف	ذ	ل	ط	ع	ا	ا	و	ف	م	ك	ك
م	ل	ض	ؤ	و	ض	ز	ك	إ	ل	ك	ؤ	ت	ر	ب	و
ب	ك	ي	و	ك	ل	ا	ذ	ش	ب	و	و	ح	ف	ة	ن
ة	ي	ب	ذ	ا	ج	ح	ء	ع	ر	ع	ء	ك	ز	ي	ن
س	د	ي	م	أ	ل	ع	ر	ا	و	ح	ا	ض	ب	ن	ف
ط	ي	ث	ظ	ر	ظ	د	ص	ع	ج	ذ	م	ل	آ	ر	ش
ا	ف	ة	خ	ض	ى	ؤ	ظ	ش	ن	ن	س	ك	م	ض	ع
ج	ل	ى	ن	ي	إ	ذ	غ	ا	ح	ي	ن	ن	ظ	ذ	ذ

الكويكب	سديم
رائد فضاء	مرصد
فلكي	كوكب
سماء	إشعاع
عالم	صاروخ
كوكبة	سوبرنوفا
الاعتدال	مقراب
جاذبية	أرض
قمر	كون
نيزك	البروج

12 - Algebra

ح	خ	ش	ح	د	ي	ك	ل	ض	ر	ظ	آ	ح	ي	ف	خ
ل	ن	ث	ت	ز	ج	غ	ج	آ	ظ	ق	د	ن	ب	ت	ق
خ	ت	ق	و	ك	د	ة	ف	و	ف	ص	م	و	ل	ك	آ
غ	ض	إ	ش	ا	ج	ل	د	ق	ي	ذ	ز	ي	ؤ	ط	ذ
ط	آ	ض	م	ت	ظ	ك	ل	ا	ن	ه	ا	ئ	ي	ط	خ
ا	ل	ط	ر	ح	د	ش	ب	ر	ا	إ	غ	ئ	ك	ج	غ
ؤ	ك	غ	ف	م	ي	م	ع	ث	ي	ئ	و	ض	ي	ى	ة
ث	ض	ي	ر	ش	ع	و	ك	ع	ب	خ	ط	أ	ب	ق	ي
و	د	ط	س	ن	ح	ا	ل	خ	م	ذ	ج	آ	ئ	س	س
ظ	ي	ف	ي	ي	ر	آ	د	ظ	س	ج	ض	ئ	ق	م	س
ص	ف	ر	ج	ع	ل	ج	ظ	ل	ر	ز	خ	ط	و	ت	ك
ت	ب	س	ي	ط	ا	ي	ط	س	ة	ء	و	ج	س	غ	م
د	ح	أ	ئ	ل	ك	م	ن	م	م	ج	م	و	ع	ي	ي
ظ	ض	ت	غ	ض	ت	د	ل	ز	ر	ر	ش	م	ئ	ر	ة
ة	ح	ا	ل	ر	س	م	ا	ل	ب	ي	ا	ن	ي	ى	ف
ش	ب	ف	ة	ة	ذ	ة	ن	ض	ي	ج	إ	د	ظ	ث	إ

رقم
قوس
مشكلة
كمية
تبسيط
حل
مجموع
الطرح
متغير
صفر

رسم بياني
معادلة
أس
خطأ
عامل
جزء
الرسم البياني
لانهائي
خطي
مصفوفة

13 - Mitologia

ى	ا	ط	إ	ط	ة	ت	ض	ط	س	ا	ن	ن	ي	ظ	و
ق	ض	ب	ى	ر	ي	ش	ز	ك	ة	ل	ي	ع	ى	ص	و
ن	و	ئ	ذ	ا	ئ	ى	ئ	ل	ة	غ	ك	ف	م	م	ث
ب	ز	خ	ظ	ف	ض	ت	خ	ض	ظ	ي	ا	إ	ؤ	ب	ف
ط	إ	ا	خ	ص	د	د	ر	ز	ص	ر	ؤ	م	ظ	ا	ق
ل	ط	ز	ث	ر	ض	ظ	ي	ؤ	ش	ة	خ	س	ج	ن	ح
ن	و	غ	ب	ق	ر	ب	ر	ك	ض	ذ	ل	خ	ض	ت	غ
ت	آ	ق	د	و	ا	ر	ح	ع	ع	ر	ق	ض	ذ	ق	ئ
ص	ن	ج	ا	ل	ق	ف	س	ص	د	ن	ظ	س	ا	ا	ن
ي	ت	ذ	ظ	خ	إ	إ	ة	ر	و	ط	س	أ	ل	م	ص
د	ث	إ	ة	م	ب	ق	و	ه	ذ	غ	آ	ن	آ	و	ظ
ؤ	س	ك	ن	ح	ن	ل	ق	ز	ا	ح	ف	ع	ل	ف	ت
خ	ل	و	د	ا	ك	آ	ف	ض	س	ت	ن	ي	ه	س	ك
د	ت	ل	ظ	ر	ن	ض	ط	ض	ب	ي	م	آ	ة	ق	ص
ق	ح	س	ى	ب	غ	ك	خ	ط	ص	م	ة	ع	ة	ظ	ي
ا	ل	م	ع	ت	ق	د	ا	ت	ج	م	ك	ا	ر	ث	ة

سلوك
مخلوق
خلق
المعتقدات
ثقافة
كارثة
الآلهة
بطل
قوة
برق

الغيرة
محارب
خلود
متاهة
أسطورة
سحري
مميت
مسخ
رعد
انتقام

14 - Piante

ج	ق	ى	ل	س	ط	ج	ج	ج	ى	ص	ؤ	ش	ئ	إ	ب
ذ	إ	خ	ح	ب	ى	ث	ح	ر	ز	ط	ر	س	ذ	ت	ا
ر	ظ	د	م	ر	ل	ا	آ	ك	ب	ي	ك	ة	آ	ج	م
ج	ا	ز	إ	ث	ا	ا	ك	ا	ي	ل	و	ص	ا	ف	ب
ش	ن	ب	ز	ا	د	آ	ب	ع	ر	إ	ك	ؤ	د	ح	و
ل	ن	و	إ	ف	ل	ب	ى	ش	ي	ح	ب	ث	م	ئ	ا
ا	ن	ش	ج	ا	ة	ب	ي	ب	ج	ق	ع	ق	و	ز	ذ
ق	ب	ط	ص	ق	ق	ش	ت	ا	ب	ن	ل	ا	م	ل	ع
ا	ت	ض	د	س	ي	غ	إ	ل	ع	ز	ج	ع	ن	ة	ة
ر	س	ش	ف	ز	د	ن	ى	ح	ة	ه	س	ق	ت	غ	ط
و	ى	ؤ	ج	ط	ح	ل	ب	آ	ش	ر	ئ	ع	ح	ت	ع
أ	غ	م	ب	ر	س	ز	ئ	س	ث	ة	ب	ا	غ	ظ	إ
غ	ن	س	ا	د	ة	ي	ت	ا	ب	ن	ل	ا	ج	ص	ت
ك	ق	ظ	ز	غ	ئ	ل	ش	ش	ك	ص	ص	ب	ا	ر	آ
ح	ي	ب	ن	آ	ر	ظ	ذ	ى	ز	د	ك	ب	س	ن	ا
س	م	ا	د	س	ئ	س	ح	ف	ص	ث	ج	و	ق	ع	ض

شجرة
بيري
بامبو
علم النبات
صبار
بوش
تنمو
لبلاب
عشب
فاصوليا

سماد
زهرة
النباتية
أوراق الشجر
غابة
حديقة
طحلب
البتلة
جذر
نبت

15 - Spezie

آ س ا ل ى ذ ب ي ط ل ا ة ز و ج ك
ر ث ل ش د ز د ر آ ص ل ع ن ل ب ن
و م ش ن ئ ن و م ك ب ي ى ن ح ع د
م ز م م ك ر ك و ط آ ن ش ز إ ا ف
ر ذ ر ا ا آ ب ث ث ر ا ع إ ل ل ل
ا ق ة ي ج و ش س ح ذ ف ط ي ف ث ة
غ آ ف ل ف ل أ ح م ر غ ا ل ح ل م
ص ا د ة ل ظ ة ى ا ن ن ث ط آ ن ك
ى ض ي إ غ ف ئ ن ط س ظ ك ة ف ر ق
ف ج ى و خ ج ئ ل و و ز ا ر ة ج غ
ل ا ه ل ا ب ح ن ذ س ز ر ب ى ن ع
ذ و ط ي ث م ى ش ج ل د ي ز م ي و
خ ي ظ ب و ئ م ر ف ا ش و ك س ن ى
آ ك و ج ى ف إ ش ذ ق ط ل ت ر س ى
ة ج ك ن ة م آ و ق ر ش ة س ش ة غ
ئ ظ ن ز س ط ب ع ج ع ل ن ل ى ن ش

حلو
الشمرة
عرق السوس
جوزة الطيب
فلفل أحمر
فلفل
ملح
فانيلا
زعفران
زنجبيل

ثوم
مر
اليانسون
قرفة
حب الهال
بصل
كزبرة
كمون
كركم
كاري

16 - Numeri

ش	ش	ق	أ	ل	ث	إ	ع	ق	ر	ة	ا	ف	ؤ	ص	ئ
إ	ط	ي	ر	ر	م	ر	ش	ع	ة	س	م	خ	س	ف	ك
ك	ف	ى	ب	و	ا	ذ	ر	ش	ع	ا	ن	ث	ا	ر	ؤ
ط	ا	ؤ	ع	و	ن	ن	ة	ت	س	ض	ج	ي	ذ	ظ	ط
ط	ر	ض	ة	ض	ي	و	ص	ب	ت	ز	ر	غ	إ	ن	ر
ت	إ	ر	ع	ع	ة	ر	ش	ع	ة	ث	ا	ل	ث	أ	ش
ع	س	ث	ش	ذ	ع	ش	ش	ة	ي	ث	ق	ف	ب	ر	م
ث	ة	ع	ر	ر	ش	ع	ة	ع	ب	س	ل	ج	ئ	ب	ح
ط	ن	ث	ة	ش	ر	ؤ	ي	ن	ث	س	و	ا	ط	ع	آ
ن	ة	ى	س	ع	ض	ؤ	ن	ا	ن	ث	ا	ج	ث	ة	خ
ق	ط	ث	م	ة	ش	خ	ا	ح	ن	ف	إ	غ	ا	ة	ف
ة	ب	آ	خ	ت	ع	ر	م	ة	ح	ؤ	ن	ك	ط	ح	ئ
ك	إ	ج	ؤ	س	ب	ب	ث	ص	ص	ؤ	س	و	ي	ة	إ
خ	ئ	ن	ك	ظ	ل	ئ	م	ن	س	ى	د	ى	ة	ش	ذ
خ	ش	ش	ح	ف	م	و	ي	ج	ح	ز	و	د	ط	آ	ذ
إ	غ	خ	ا	ى	س	ب	ع	ة	ى	م	ن	ن	ل	إ	م

خمسة
عشري
تسعة عشر
سبعة عشر
ثمانية عشر
عشرة
اثنا عشر
اثنان
تسعة
ثمانية

أربعة عشر
أربعة
خمسة عشر
ستة عشر
ستة
سبعة
ثلاثة
ثلاثة عشر
عشرون
صفر

17 - Guida

ؤ	ث	د	ا	ح	م	ك	ذ	ح	ؤ	ة	ف	غ	ة	ح	ا
ة	ص	خ	ر	ر	ض	ح	ا	س	ت	خ	ص	ب	ي	ر	ل
ط	ي	إ	ز	ا	ص	ز	ى	ي	ت	س	ض	س	ة	ك	م
ي	ت	ص	ز	س	ج	ع	د	ن	ذ	ع	آ	ف	و	ة	ش
ر	ك	ن	ض	ش	ش	ة	ل	ف	ا	ح	ك	ذ	ذ	ا	ا
خ	إ	ز	ق	ظ	آ	ا	ن	م	أ	ك	ح	ب	س	ل	ة
ؤ	م	ث	ت	ذ	ج	ظ	ؤ	ا	ف	س	ى	ع	خ	م	غ
ك	ح	غ	ق	ث	ة	ن	ف	ق	ر	ر	ي	ز	ط	ر	و
ر	ر	ا	ة	إ	م	ت	خ	ي	ا	ي	ا	ا	ر	و	ا
ا	ك	ز	آ	ط	ئ	غ	ظ	ر	ن	ر	ة	م	ر	ر	ل
ج	ع	س	آ	و	خ	ا	خ	ط	و	ص	ط	ك	ل	ة	ن
ذ	ف	آ	م	ش	ى	ا	ح	ا	ق	ة	ر	خ	ز	ع	ق
ح	خ	ف	م	ص	ق	ث	ج	ر	و	ا	ش	ث	ض	ر	ل
ص	ص	ا	ئ	ئ	و	ع	ط	ي	د	ط	ت	آ	خ	س	إ
ش	ى	ن	ق	ة	ز	ض	ت	م	ل	و	ص	ئ	و	ل	ئ
ت	غ	ص	ا	ؤ	ة	إ	ح	ة	ص	ش	ش	ش	م	ن	ح

سيارة	محرك
حافلة	المشاة
وقود	خطر
فرامل	شرطة
كراج	أمن
غاز	طريق
حادث	حركة المرور
رخصة	النقل
خريطة	نفق
دراجة نارية	سرعة

18 - I Media

ؤ	م	ص	ف	ج	ش	ا	ش	ق	ف	ر	د	ج	ا	ى	ن
ش	ن	ر	إ	ن	ر	ب	ة	ل	ت	ش	ل	س	ل	ن	س
ز	ش	و	ؤ	س	ق	ا	ك	ب	ن	و	ي	ز	ف	ل	ت
ر	ق	م	ي	ع	ا	م	د	ة	ع	ا	ن	ص	ك	ر	ئ
ا	ط	ي	أ	ا	ر	ا	ؤ	ي	ا	ؤ	ئ	د	ر	ل	ك
د	ي	ل	ر	ل	ح	ح	ث	ث	و	ل	خ	آ	ي	ص	ح
ص	ن	ع	ي	ق	ل	ي	آ	ش	غ	ي	ا	ص	ة	م	ق
إ	ة	ت	ظ	ل	ر	و	ف	إ	ل	و	ا	ت	ع	ف	ا
ل	ك	آ	ث	س	ق	ب	ن	آ	ث	م	خ	ل	ص	ق	ئ
ا	ب	ظ	غ	ؤ	ى	ل	ص	ت	ح	ت	ع	غ	ص	ا	ق
ذ	ش	خ	ط	ذ	ت	ل	ز	ق	م	ل	ؤ	و	ش	و	ل
ا	ل	ا	ت	ص	ا	ل	ا	ت	ق	ا	ك	ف	ت	م	ر
م	ا	ت	إ	ب	ا	ل	ص	ح	ف	ة	ر	ح	ج	ل	ر
ذ	ى	ت	ى	ة	ز	ب	ظ	ز	م	ح	ل	ي	ا	ا	ف
ئ	ل	م	ك	ر	ث	ا	ر	ط	ح	ة	ئ	ن	ر	س	ض
ف	ع	ف	ج	ا	ف	ي	ذ	إ	ل	ص	ؤ	ح	ي	ة	ت

فرد
صناعة
الفكرية
محلي
على الشبكة
رأي
عام
راديو
شبكة الاتصال
تلفزيون

المواقف
تجاري
الاتصالات
رقمي
الإصدار
تعليم
حقائق
التمويل
الصور
الصحف

19 - Forza e Gravità

ر	ض	ج	ا	ب	ئ	ر	ح	خ	ص	ا	ئ	ص	ر	ش	ر
خ	ط	ك	و	ك	إ	ج	ر	س	ض	ح	ي	د	ا	ت	ص
ط	غ	ن	ف	ا	ف	ل	ك	ا	ض	ت	ش	ي	ة	ظ	غ
ش	ذ	ش	آ	و	ء	ة	ة	ج	ل	ك	ت	ر	ى	ن	ئ
ع	ة	غ	ك	ك	ا	ل	م	غ	ن	ا	ط	ي	س	ي	ة
ا	خ	غ	ف	ل	ي	ا	ل	م	ر	ك	ز	ث	م	ق	و
ل	م	غ	خ	ا	ز	ك	ذ	ت	ج	ف	ذ	أ	ع	ث	ا
م	ط	ؤ	ك	ا	ي	ي	س	ا	ق	ل	غ	ت	ب	ل	و
ي	ي	خ	ت	ح	ف	ن	ت	م	ت	ح	ر	ك	و	س	ى
خ	ف	ك	ب	ؤ	ل	ا	و	ن	ز	و	ة	ق	و	ع	ى
ا	ص	ط	ؤ	ز	ا	ك	س	د	ح	إ	ت	خ	ص	غ	ز
ك	ص	ا	ث	ا	ظ	ي	ع	م	ئ	خ	ظ	ع	م	ر	ض
ت	ؤ	ؤ	م	ن	ت	م	ى	ض	ة	ن	ب	ؤ	آ	ك	خ
ش	ى	ذ	ؤ	ل	غ	ز	غ	ط	غ	ض	ئ	ة	ض	ر	ة
ا	م	ظ	ك	ث	ط	ص	د	ج	ش	ص	ة	ع	ر	س	ئ
ف	ص	ن	ر	ع	ا	ذ	ن	ح	ج	ص	ز	ي	م	ض	ت

محور
احتكاك
المركز
متحرك
بون
توسع
الفيزياء
تأثير
المغناطيسية
ميكانيكا
حركة
فلك
وزن
الكواكب
ضغط
خصائص
اكتشاف
الوقت
عالمي
سرعة

20 - Caffè

خ	ج	ث	أ	س	و	د	ب	ظ	ي	س	ك	ظ	ظ	ق	ا
ء	ا	م	ك	ا	ف	ي	ي	ن	ح	ط	ر	ك	ظ	ث	ل
ح	ر	ن	ي	س	ل	و	ت	ذ	ض	ب	ي	س	ف	ذ	أ
ا	ل	ئ	ا	س	ض	ش	غ	ل	ط	آ	م	س	س	ك	ص
ب	ف	ي	ر	ث	و	م	خ	ش	ك	و	ب	ؤ	م	م	ل
ص	ئ	ث	ب	إ	ب	و	ئ	ض	ذ	ش	و	ق	ح	ى	ذ
ز	ى	ض	إ	ئ	ي	ظ	ر	آ	ر	ظ	ر	ك	س	ل	ا
ى	ة	ص	ع	ع	ل	ز	ح	ك	ة	ث	ش	و	ح	ي	ي
إ	ص	ح	ظ	ا	خ	ع	س	ت	ث	ؤ	م	ز	ل	ب	ح
ث	ح	ذ	ص	ش	ب	ش	ل	ل	م	ئ	خ	ى	ص	ت	ص
ل	ر	م	س	ج	ك	ز	ص	ش	ا	ل	ج	ص	ط	ل	ن
ج	ئ	ش	ض	آ	ئ	ي	ذ	ش	م	ل	ن	ب	خ	ة	و
ت	ط	خ	إ	ي	خ	ط	ر	ج	ك	ف	ع	ك	ؤ	ل	ع
ظ	ؤ	ج	ت	ل	خ	آ	ى	ب	د	غ	ي	ز	ه	ز	ح
ر	ط	ي	ط	ر	و	ل	إ	ظ	ق	ع	ل	ئ	ة	ة	خ
د	س	ف	ل	ت	ر	ت	ق	ف	آ	ل	ا	ى	ص	م	ة

حمضي
ماء
مر
مشوي
مشروب
كافيين
كريم
فلتر
نكهة
حليب

سائل
طحن
صباح
أسود
الأصل
ثمن
كوب
نوع
السكر

21 - Uccelli

ح	ا	ظ	ح	ؤ	ف	ب	ج	ض	ة	ز	ذ	ط	ش	ع	ب
ا	م	ل	ر	ف	خ	ب	ط	ث	ة	م	ا	ع	ن	ص	ج
ل	ض	ا	ل	ن	ؤ	غ	ف	ؤ	ط	و	ق	ا	ن	ف	ع
ب	ب	ن	م	ق	ج	ا	ع	ج	ب	ل	ا	إ	و	و	ة
ط	ز	ى	ؤ	ة	ل	ء	ق	ص	ط	ت	ط	ئ	ر	ر	ض
ر	إ	خ	ذ	و	ط	ق	م	د	ظ	ض	ن	م	ي	س	ي
ي	ا	ث	ح	إ	و	ز	ت	ئ	آ	ل	ى	ق	ه	ن	ب
ق	ش	ف	ل	ا	ح	ص	س	ر	و	ن	ض	ؤ	ث	ح	ى
ا	ل	و	ق	و	ا	ق	إ	و	ف	ك	ز	آ	ا	م	ظ
ن	ح	ا	م	ع	ث	إ	ئ	ن	و	د	ض	ق	و	و	غ
د	ذ	خ	ج	ج	ة	ث	غ	د	ج	ا	ج	ل	و	ر	و
ش	س	ن	ل	ؤ	ف	ا	ي	و	ئ	ق	ط	ق	ع	ط	ع
ه	و	ك	ل	ة	س	ن	ي	خ	ت	ض	م	ل	ئ	ب	ؤ
و	ط	ق	إ	ز	ي	ي	ض	م	ن	ت	ش	ت	ا	ب	د
ن	ئ	ح	ذ	ت	ة	ش	ك	ش	ث	ة	خ	د	ظ	و	ؤ
ب	م	د	ص	ا	ز	ؤ	ت	م	ر	م	ح	ل	س	ص	ظ

هيرون
بطة
نسر
اللقلق
بجعة
الوقواق
هوك
نحام
نورس
إوز

ببغاء
عصفور
الطاووس
البجع
حمامة
البطريق
دجاج
نعامة
طوقان
بيضة

22 - Giorni e Mesi

ش	س	ج	ن	ب	ا	ط	ك	ر	ي	ا	ر	ب	ف	ت	ر
ه	غ	ت	ب	س	ل	ا	ر	ب	و	ت	ك	أ	ا	د	ص
ر	ج	و	ل	ت	ك	ن	ض	ف	ت	ى	ط	ح	ف	ؤ	س
ا	د	م	آ	م	ظ	د	ث	غ	ي	و	ل	ي	و	ة	خ
ل	ث	ر	ئ	و	ك	ذ	ح	ج	ذ	ص	ر	ي	ا	ن	ي
ث	خ	ة	ض	آ	ا	ل	ا	ث	ن	ي	ن	ض	ر	س	ث
ل	ع	ل	آ	ذ	آ	ة	أ	س	ب	و	ع	ن	ت	ك	م
ا	ذ	ز	ل	إ	ع	ث	ب	ع	ي	د	ي	ى	ب	ؤ	ء
ث	ئ	ذ	ح	م	ي	و	ق	ت	ل	س	د	ح	أ	ل	ا
ا	ى	ج	ج	ل	ح	ؤ	د	ن	س	ط	س	غ	أ	س	ع
ء	م	ل	ش	ذ	ن	د	ص	و	ا	ق	ن	ئ	ب	ض	ب
ق	ا	ح	ك	ش	ش	ؤ	ف	ف	ح	ي	ذ	ت	ا	ج	ر
ت	ف	ر	ب	م	س	ي	د	م	ي	ز	م	ذ	ي	ج	أ
س	ل	ص	ق	س	خ	د	د	ب	ت	ب	ة	ا	ز	آ	ل
س	ص	غ	ز	ك	ك	ط	ك	ر	ر	ى	ف	ب	ف	ئ	ا
و	آ	ا	ة	ئ	ز	خ	ل	ي	ف	ح	ل	ي	ر	ب	أ

الاثنين
الثلاثاء
الأربعاء
شهر
نوفمبر
أكتوبر
السبت
سبتمبر
أسبوع
الجمعة

أغسطس
سنة
أبريل
تقويم
ديسمبر
الأحد
فبراير
يناير
يونيو
يوليو

23 - Casa

و	أ	غ	ر	ف	ة	ن	ة	غ	م	م	آ	ن	ي	ث	ي
د	ر	ر	ح	ي	ت	ا	ف	م	ك	ذ	و	ى	آ	ة	ك
ص	ج	ل	ض	ض	ع	ف	ق	ل	ن	ز	غ	ة	ر	ؤ	ق
ش	ن	ض	ئ	ي	ؤ	ذ	س	ر	س	ا	آ	ز	ب	ث	م
ط	ه	ب	ل	ع	ة	ة	خ	ؤ	ة	ت	ل	ط	ز	م	ط
ؤ	ث	ض	و	ؤ	آ	ب	ط	ا	ذ	ض	ث	ا	ش	د	ب
ل	ح	ن	ب	ر	ر	ت	ع	م	ؤ	ؤ	ل	ئ	ب	ف	خ
ر	ب	ن	ج	ش	م	ك	ج	ب	ت	ا	ق	ن	خ	أ	ق
ث	ع	آ	ب	إ	ذ	م	ى	آ	س	ج	ا	د	ة	ة	ع
ى	و	ظ	ب	م	ع	ك	آ	ن	ح	ى	ح	غ	ص	ز	ث
م	ص	ب	ا	ح	ط	ا	ر	ر	خ	ج	ذ	و	ف	ي	ب
ذ	ن	ز	ي	ض	ع	ذ	و	ا	ث	ح	ا	ئ	ط	ب	ر
ؤ	د	د	ن	ي	ش	ش	ش	ؤ	ج	ب	ا	ب	ئ	ق	ل
ط	س	ض	ق	ؤ	م	ذ	ح	ح	ج	ى	د	ع	غ	ث	س
ص	ب	ش	ب	و	د	ح	د	ي	ق	ة	ف	ة	ظ	ت	ك
ج	س	ي	ا	ج	ب	ز	ق	ث	ر	ج	خ	غ	ن	ت	آ

مصباح
حائط
أرضية
باب
سياج
صنبور
مكنسة
مرآة
سجادة
سقف

علبه
مكتبة
غرفة
مدفأة
مفاتيح
مطبخ
دش
نافذة
كراج
حديقة

24 - Ristorante #1

ع	د	ي	و	ق	ذ	م	آ	ط	س	ل	ي	د	ن	م	ط
ث	ى	ز	ج	ا	ن	ئ	غ	م	ف	ة	غ	ظ	ن	ب	ي
ل	ظ	ب	ك	ئ	ى	ة	ك	ا	خ	م	ح	ل	ق	ك	غ
م	إ	ؤ	ش	م	س	ف	ر	ع	ؤ	ة	ي	س	ا	س	ح
ى	ث	ط	إ	ة	م	ا	ع	ط	م	ة	ن	ا	ؤ	ت	ة
ي	ن	ز	ا	ق	ح	ر	ص	ل	و	غ	ذ	ض	ى	ظ	ز
ق	س	ذ	د	ى	ع	ص	ي	ا	ط	م	ح	ج	ل	ى	إ
م	ت	ا	ن	و	ك	م	ف	ل	ش	ط	ج	ث	إ	د	ع
ص	ظ	غ	ة	ل	د	ا	ن	و	ز	ب	ز	ى	ؤ	ص	د
ش	ت	ب	ط	ح	ح	خ	س	ا	ر	خ	و	ر	ؤ	ج	ن
ث	ذ	ل	ف	ع	ق	س	ك	ن	ز	ظ	ع	ث	ا	ك	ل
ر	ا	ز	ص	ف	خ	غ	م	ت	م	ث	ا	ج	ث	ت	ر
ق	ئ	ئ	ذ	ق	ب	ذ	ض	ل	د	ش	ء	ح	ف	ا	خ
ك	ح	ح	ى	ه	ز	ع	ش	ج	خ	ل	ف	ذ	ص	ع	ك
ن	ي	ك	س	و	م	ص	ا	ك	ئ	ف	ض	ذ	د	ر	ظ
ذ	ص	ل	ص	ة	و	ف	ق	ر	و	ا	ى	ص	ث	س	ش

مكونات
لتناول الطعام
قائمة
خبز
طبق
حار
دجاج
حجز
صلصة
منديل

حساسية
قهوة
نادلة
لحم
صراف
طعام
وعاء
سكين
مطبخ
حلوى

25 - Fantascienza

إ	ش	ن	ن	ر	ن	ئ	ي	ؤ	ز	س	خ	ن	ئ	ت	م
ف	ؤ	ث	ا	ت	ى	ن	م	ظ	إ	ذ	ع	ع	ئ	ا	ر
خ	ى	ص	ر	إ	ض	م	ه	و	ا	س	ت	ن	س	ا	خ
ت	ا	ل	ث	ت	ا	ت	و	ب	و	ر	ل	ا	ج	و	س
آ	ق	ذ	ى	ئ	ئ	ل	خ	م	ت	ط	ر	ف	ح	ظ	ت
ت	د	ل	ق	ي	ئ	إ	س	إ	ن	ت	ن	ض	خ	ح	ف
ع	ح	ز	ة	ز	ا	ت	ا	ل	ع	ا	ل	م	ي	ة	ز
ش	ض	ق	ز	ج	ق	ئ	م	ب	ظ	ص	ذ	ا	ر	ى	غ
ئ	ض	ع	إ	ب	ج	د	ن	ن	ؤ	ا	ة	غ	ذ	ظ	ض
ق	ئ	ط	ل	ت	د	ز	ي	إ	ب	ك	و	ك	ي	ق	ؤ
ف	ك	ي	ؤ	ك	س	ي	س	ي	ص	ز	ئ	ب	ل	ز	ض
ى	ة	ع	ة	ل	ز	ب	ا	ل	س	ي	ن	ا	ر	ي	و
ط	ة	ق	ة	ا	ؤ	ب	ا	ي	ب	و	ت	و	ي	ح	د
ط	ف	ا	ؤ	د	ث	ق	د	ة	ن	ت	ق	ن	ي	ة	ط
ث	ك	و	ي	ا	ا	ج	ك	ن	ذ	ا	س	ل	و	ن	ة
ج	ر	ش	ذ	ط	ع	ي	ت	م	ذ	إ	س	ن	ز	ف	آ

الكتب
غامض
العالمية
وحي
كوكب
واقعي
الروبوتات
السيناريو
تقنية
يونوبيا

ذري
سينما
استنساخ
انفجار
متطرف
رائع
نار
مستقبلية
وهم
وهمي

26 - Città

ص	ص	ذ	ى	ع	ع	ض	ي	م	م	د	د	و	ش	خ	ع
ن	ي	ف	ب	ئ	ذ	ز	ن	ة	ط	إ	ع	ض	د	خ	ي
م	د	م	ع	ط	م	س	ا	ن	ا	ش	س	ي	ن	م	ا
س	ل	ف	ن	د	ق	ش	و	ي	ر	ؤ	ر	ث	آ	ظ	د
ر	ي	ش	ب	ز	و	و	ي	ف	ب	ك	م	ك	ت	ب	ة
ح	ة	غ	ه	ب	س	م	ح	ر	ث	ر	ذ	ى	ف	ن	ي
ف	س	و	ص	خ	ص	و	ة	ئ	ع	و	خ	ئ	ص	ة	ط
ع	ر	ظ	و	م	ر	ب	ق	ي	خ	ج	ظ	م	ت	ح	ف
و	د	ة	م	ي	ة	ك	ي	ب	د	ئ	ش	ب	ك	ح	إ
ن	م	ل	ض	ظ	ص	ح	د	ئ	ج	ف	ج	ض	ر	ع	م
ص	ع	ذ	ع	ؤ	ب	ع	ح	ط	ظ	ب	ا	ت	ا	ن	ع
ب	ن	م	ى	ن	ي	ق	غ	ث	ف	ي	م	ت	م	ح	ئ
ذ	س	خ	ك	ث	ص	ن	ن	ز	خ	ة	ع	ة	ر	ؤ	م
ل	ظ	ذ	ث	آ	ذ	إ	و	ت	ن	ي	ة	ظ	ب	ن	ظ
ع	د	ف	ذ	ظ	ى	ح	ش	غ	س	ذ	س	د	و	ك	ت
ز	ي	ز	ئ	ع	ث	ا	ل	ط	د	آ	آ	ة	س	ج	ر

مطار
بنك
مكتبة
سينما
عيادة
صيدلية
منسق زهور
معرض
فندق
سوق

متحف
خزن
مخبز
مطعم
مدرسة
ملعب
سوبر ماركت
مسرح
جامعة
حديقة حيوان

27 - Fattoria #1

ف	ك	ل	ق	ح	ذ	غ	ن	ص	م	ظ	ة	ب	ن	ن	آ
ز	د	س	ت	ط	ش	ح	خ	غ	س	ش	ع	ج	ل	ع	س
ط	ك	ع	خ	ئ	ي	آ	ن	ت	آ	إ	ف	ا	ش	ذ	ى
و	ؤ	ر	ق	ط	و	ع	ز	ا	ق	ة	س	ز	د	و	ث
د	ج	ا	ج	ح	ي	ش	ي	ا	ص	ل	ق	ت	س	ا	ع
ق	ا	م	م	ا	ء	ة	ر	ق	ب	ح	ج	ن	غ	ت	ث
ج	ي	ح	ف	ئ	و	ع	و	غ	ئ	ن	آ	ظ	س	س	س
م	س	ج	ز	ن	ذ	ا	ذ	ا	ض	ز	ي	ى	غ	ض	ئ
ث	ص	ي	س	و	ا	ر	ب	آ	آ	و	ؤ	ج	م	ك	ث
ى	ط	ر	ف	ع	ب	ز	إ	ك	ظ	ذ	ؤ	ع	و	ة	خ
ت	ص	آ	ض	ن	ق	ن	ث	ل	م	ع	د	ز	ق	ك	ك
ب	ع	إ	ع	م	ؤ	ز	ز	ب	ض	خ	ؤ	غ	ط	ز	ؤ
ن	إ	و	ر	آ	ا	ى	ص	ؤ	ك	ج	إ	غ	ؤ	س	ن
ذ	ع	إ	ن	خ	ش	ع	ر	ح	ض	ز	ئ	ر	ح	ف	ف
س	م	ا	د	خ	ي	إ	ز	ر	أ	خ	ي	إ	ع	خ	ك
ف	ى	ج	ن	ض	ى	ظ	ن	ئ	ز	ط	ب	ض	غ	آ	ي

ماء
زراعة
نحلة
حمار
حقل
كلب
ماعز
حصان
سماد
تبن

قط
قطيع
خنزير
عسل
بقرة
دجاج
سياج
أرز
بذور
عجل

28 - Psicologia

ش	ض	ن	ز	م	ج	ا	ا	ض	ب	ع	ث	ص	م	خ	غ
م	ط	ر	ز	م	ر	ل	ن	ذ	آ	ر	ع	ت	ش	ي	ظ
آ	ى	ز	م	ا	ل	ح	أ	آ	ب	ا	ث	ص	ك	ش	س
ت	ق	ي	م	ئ	ع	ا	ل	أ	ف	ك	ا	ر	ل	ة	آ
ئ	ت	ت	ض	س	ح	ل	ا	ة	ج	ف	غ	ح	ة	ز	ز
ق	ت	ك	ل	ؤ	ح	ب	ش	ع	ا	أ	ح	ث	س	آ	إ
ف	ج	ا	ل	ع	و	ا	ط	ف	ل	ل	ؤ	إ	ل	و	ح
ى	ئ	ر	ر	ة	ر	ر	و	إ	ع	ا	ط	خ	و	ا	س
س	ص	د	د	ي	ع	و	ل	ا	د	ق	ا	ف	ك	ق	ا
ي	ة	إ	ط	ص	ث	ش	ؤ	ظ	م	ة	ئ	ن	و	ع	س
ك	ف	ل	ش	خ	ط	أ	د	د	ي	ج	ؤ	ى	ص	ل	ص
ل	إ	ا	ك	ش	ة	آ	ت	ل	غ	ل	ط	إ	ظ	ل	ة
خ	م	آ	آ	س	ع	آ	ئ	غ	م	آ	ؤ	ر	ج	ج	ف
ف	ر	ظ	ي	ئ	ص	غ	ص	ن	و	ئ	ف	خ	ك	خ	ر
إ	ض	إ	آ	ق	إ	ة	ق	ج	ع	إ	ك	س	غ	ت	ع
ث	ي	ز	ذ	د	س	ع	ؤ	إ	د	و	ق	د	ع	و	م

موعد
مرضي
معرفة
سلوك
نزاع
الأنا
العواطف
الأفكار
فاقد الوعي
مرحلة الطفولة

تأثيرات
أفكار
الإدراك
شخصية
مشكلة
واقع
إحساس
أحلام
علاج
تقيم

29 - Paesaggi

ض	ت	ت	ط	ن	ؤ	ش	س	ق	ش	ظ	ب	ج	ج	و	ب
آ	ة	ج	ل	ث	م	ج	خ	ب	ن	ض	ح	ب	ع	ا	و
ن	ه	ر	د	س	ق	ز	ا	ر	ؤ	ي	ر	ل	إ	ح	ط
و	ا	د	ي	ت	ا	ي	ن	ك	ك	ظ	غ	ج	ت	ة	ن
ى	و	ا	ة	ز	ن	ر	إ	ا	و	ج	ج	ل	ط	ة	ل
ت	ن	د	ر	ا	ج	ة	س	ن	آ	ق	ط	ي	ح	م	ك
ح	د	ط	ح	س	ف	ه	ك	ي	إ	غ	ي	د	و	ي	ش
آ	آ	ز	خ	ئ	ب	ن	ب	إ	ش	س	ل	ن	إ	ظ	آ
ذ	ر	ذ	س	ج	ح	ى	غ	ش	ب	ج	ا	ؤ	ل	ك	ذ
ئ	ر	ص	ح	ئ	ي	ة	ئ	ئ	ث	د	ع	ج	ب	ل	د
ش	ر	ن	ش	د	ر	خ	ص	ع	ق	ك	ظ	ج	آ	م	ح
ر	ز	خ	ر	ق	ة	س	ت	ف	ت	ظ	و	ي	ف	ي	ش
ع	ل	إ	م	إ	ل	ع	و	ة	و	ش	ظ	آ	ح	م	د
ج	ر	س	ز	ر	ش	ا	ط	ئ	س	و	ل	ط	خ	آ	ظ
م	س	ت	ن	ق	ع	ا	ظ	خ	ؤ	آ	ء	ا	ر	ح	ص
ت	ر	ر	ى	ب	ذ	ئ	ل	ش	ؤ	ب	ع	ئ	ل	س	ع

بحر
جبل
واحة
محيط
مستنقع
شبه جزيرة
شاطئ
تندرا
وادي
بركان

شلال
تل
صحراء
نهر
سخان
مثلجة
كهف
جبل جليد
جزيرة
بحيرة

30 - Energia

ز	ؤ	ع	غ	س	ل	غ	ك	غ	س	ض	ن	ث	ق	م	د
م	ت	ا	ن	ي	ب	ر	و	ت	ا	ل	ح	ا	ل	ذ	ظ
ث	خ	ت	ف	و	ر	ك	ه	ر	ب	ا	ئ	ي	ب	ف	ة
ح	خ	ا	غ	ن	ر	ق	غ	آ	ق	ث	ة	ظ	ل	و	ا
ز	ر	ئ	ى	و	ب	ت	ا	ث	ع	ش	ب	ى	ل	ت	ل
د	ي	ز	ل	ر	ز	ب	ر	د	ش	س	ي	م	ل	و	ب
و	غ	غ	ت	ت	س	ي	ظ	ظ	ر	آ	ك	ص	ت	ن	ط
ق	م	ح	ر	ك	ى	ئ	ن	ط	خ	ع	ش	ق	ج	ق	ا
و	ض	ح	ا	ل	آ	ة	و	ن	ظ	ز	ل	ش	د	ك	ر
ف	ج	ب	ش	إ	ص	ث	و	ل	ت	ل	ا	ي	ي	ر	ي
ر	ظ	ج	و	ض	ن	س	ي	ج	ئ	ت	س	ر	د	ب	ة
ر	د	ذ	د	ت	ا	ح	ت	ج	ق	ى	خ	ن	ب	و	ق
ن	آ	ع	خ	ح	ع	ه	ي	د	ر	و	ج	ي	ن	ن	ق
و	ث	ذ	ف	ث	ة	ر	ا	ر	ح	ا	ب	ز	ة	ج	ل
ز	غ	ل	و	ف	ر	آ	ج	د	ز	ق	خ	ن	ط	ظ	ع
ل	ب	ض	ذ	س	ج	ج	ل	ل	ر	ل	د	ب	و	ب	ا

بيئة
البطارية
بنزين
حرارة
كربون
وقود
ديزل
كهربائي
إلكترون
غير قادر علي

فوتون
هيدروجين
صناعة
التلوث
محرك
نووي
قابل للتجديد
التوربينات
بخار
ريح

31 - Moda

ح	ئ	ع	ؤ	س	س	ن	ر	ب	ك	ق	م	ا	ش	ا	ك
د	آ	ى	ي	و	آ	م	ل	ظ	ع	ي	د	ت	ة	ز	ا
ي	س	ق	ظ	ي	ظ	ط	ب	خ	ذ	ن	س	ي	ف	ز	ل
ث	ذ	ئ	ئ	ض	ن	ط	س	ت	ح	أ	ع	م	ل	ي	ح
ى	ق	إ	ر	ت	غ	س	خ	ز	و	ة	ئ	و	ك	ر	د
ؤ	ر	ز	ت	إ	ف	ب	ذ	ق	ذ	ب	ل	خ	م	ط	ا
م	ص	ؤ	آ	ي	ر	ص	ت	خ	ض	ب	ل	ن	ذ	ت	ل
س	ق	ق	إ	ط	ظ	د	ط	آ	ر	ك	ي	ت	و	ب	أ
ة	ض	ي	م	ك	أ	ص	ل	ي	ع	ع	ت	ة	ل	م	د
ا	آ	ص	ب	ش	ر	ف	ص	م	ل	ك	ن	و	س	ر	ن
و	ت	ت	س	ا	ذ	ي	ح	س	م	ل	ا	ب	س	ي	ى
و	م	غ	ي	ض	ت	ش	ف	ا	خ	ط	د	ن	ت	ح	ظ
ع	ب	ت	ط	م	ز	ج	آ	ث	ش	ر	ل	ش	ة	غ	و
ت	ع	ل	ط	ض	ى	ئ	ا	م	ت	و	ا	ض	ع	ا	د
ح	ي	ش	ى	و	و	ي	إ	ه	ن	س	ي	ج	خ	آ	م
ي	ص	ا	ق	ى	ر	ا	ر	ز	أ	ق	ي	ا	س	ا	ت

الدانتيل
عملي
أزرار
تطريز
بسيط
متطور
نمط
اتجاه
قماش
نسيج

ملابس
بوتيك
مكلفة
مريح
أنيق
الحد الأدنى
قياسات
حديث
متواضع
أصلي

32 - L'Azienda

خ	خ	غ	ت	ا	د	ا	ر	ي	إ	ا	ظ	آ	ظ	ك	ك
د	ر	ا	و	م	ل	ا	ب	ز	ق	ت	ر	ف	إ	ن	إ
ج	ف	ل	ظ	ذ	س	د	ق	ئ	ظ	ج	ط	ظ	ي	ع	ظ
م	ط	م	ي	إ	ث	م	د	ق	ت	ا	ا	ة	ر	س	ؤ
آ	ل	ن	ف	ع	ث	ئ	ع	ؤ	د	ه	خ	ل	ا	ق	م
ى	ى	ت	إ	ح	س	إ	ت	ة	ج	ا	م	ش	ك	ؤ	ظ
و	غ	ج	ا	م	ز	ز	س	ع	ل	ت	ل	ش	و	م	ق
ة	ذ	ة	س	ش	ك	ذ	ط	ا	ج	ر	ا	ر	ق	ح	ا
ة	ت	ص	ت	ش	غ	ا	آ	ن	ك	و	إ	إ	ض	ت	ا
ى	ط	ر	ث	ض	ف	ث	ن	ص	د	ج	د	ض	ت	ر	غ
ش	ا	س	م	ج	ت	ش	ب	ي	م	أ	ح	ة	ل	ف	ج
ؤ	ا	ط	ا	إ	ا	ذ	م	م	ة	ل	ج	خ	ل	ح	و
ز	ش	ك	ر	ك	ت	ب	م	ل	ش	ا	ئ	د	ؤ	ع	إ
ى	ر	ع	ا	آ	ع	ل	ك	ا	ا	ل	و	ح	د	ا	ت
ظ	إ	غ	ع	ع	ر	ح	خ	ع	ش	ز	آ	ي	ش	ز	ت
آ	ر	ج	ص	ز	ض	غ	ة	ن	ض	ئ	ك	ئ	ؤ	ث	غ

خلاق
قرار
عالمي
صناعة
مبتكر
استثمار
توظيف
إمكانية
عرض
المنتج

محترف
تقدم
جودة
إيرادات
سمعة
المخاطر
الموارد
الأجور
اتجاهات
الوحدات

33 - Giardino

ص	خ	آ	ئ	س	ح	م	ئ	ي	ث	ل	غ	ب	ا	ط	ح
ئ	ب	ف	ت	ي	ب	و	ش	خ	و	ث	إ	س	ق	ص	ب
ج	ا	ر	ك	ا	أ	إ	ة	ا	إ	ص	غ	ت	ظ	ع	ج
ؤ	ش	ا	ك	ج	ر	ل	ؤ	و	ج	ط	ب	ا	ف	و	ش
ث	ع	ن	ش	ة	ج	إ	ض	ب	ث	ع	ك	ن	ن	و	ع
ز	أ	ل	ن	ر	و	ج	ر	ؤ	ئ	خ	ث	ي	ئ	ت	ق
ت	ل	ا	ر	ه	ح	ل	ن	إ	ة	ص	م	ل	ش	ا	ع
ز	ا	ل	ر	ز	ة	م	ر	ك	ة	ك	ن	و	ئ	س	ا
ظ	د	ع	ق	م	ب	م	خ	ظ	ظ	خ	ة	ب	ط	ص	م
ك	ف	ش	ا	ط	ر	ج	ز	ظ	ر	ص	ص	م	إ	ر	ظ
ق	ظ	أ	و	ع	ت	ر	ك	ع	ظ	إ	ط	ا	آ	ب	خ
ن	ن	و	ر	ط	ض	ف	ؤ	ن	و	ذ	ض	ر	آ	ك	ز
ش	ي	ؤ	ئ	ث	ر	ة	ك	غ	ة	ط	ح	ت	د	ي	ة
ص	ج	ي	آ	خ	ى	ا	إ	ف	خ	ك	و	ل	ن	ق	ط
ح	ذ	ر	غ	ا	آ	ظ	و	ر	ع	ش	ب	ا	ئ	ؤ	ا
ع	ع	ز	ة	ق	ي	د	ح	ى	ظ	غ	ي	ظ	م	ر	ؤ

شجرة
أرجوحة
بوش
عشب
الأعشاب
زهرة
بستان
كراج
حديقة
مجرفة
مقعد
رواق
أشعل النار
سياج
بركة
تربة
مصطبة
الترامبولين
خرطوم
كرمة

34 - Riscaldamento Globale

ي	ج	ي	ئ	ك	ث	آ	د	و	ت	د	ؤ	ز	ا	م	د
ز	ع	ث	ش	س	م	ف	ق	و	ط	ى	ت	ن	ت	س	و
ث	ا	ى	س	ف	ي	س	ق	ر	و	ب	ت	ؤ	ح	ت	ل
ث	ل	ث	ق	ع	ر	إ	ع	غ	ر	ب	ظ	ذ	ن	ق	ي
ص	م	ل	ا	ي	ج	أ	ل	ا	ا	ر	ل	ي	ت	ب	ل
ص	ب	ظ	ض	ا	ط	ع	ق	ه	ك	ز	ر	ظ	ب	ل	ا
د	ط	ف	ل	ئ	ئ	ذ	ي	ط	ل	ي	ي	ظ	ك	ن	م
ج	ت	آ	ق	ة	ا	ش	ش	ق	و	س	ع	ب	ق	ص	ش
ح	ن	غ	ا	ث	ؤ	أ	ز	م	ة	ة	ي	ي	ب	ل	ل
ث	و	خ	ل	ي	ض	آ	و	إ	ق	ئ	ر	ض	ع	آ	ا
ت	ى	ش	س	ة	م	و	ك	ح	ا	ي	ش	خ	ا	خ	ب
د	ا	د	ك	ظ	آ	ر	ك	ت	ط	ب	ت	س	ي	ب	ط
آ	ش	إ	ا	ة	ع	ا	ن	ص	ى	ل	ى	ك	خ	ن	ق
ق	ض	ض	ن	ك	غ	ض	د	ع	إ	ا	ت	ز	ا	غ	ل
ة	ز	ع	ش	ت	ا	ن	ا	ي	ب	ل	ا	ز	ن	ذ	ا
ة	ة	ر	ا	ر	ح	ل	ا	ت	ا	ج	ر	د	م	م	ا

حكومة
بيئات
صناعة
دولي
تشريع
الآن
السكان
عالم
تطور
درجات الحرارة

البيئة
القطب الشمالي
انتباه
مناخ
أزمة
البيانات
طاقة
مستقبل
غاز
الأجيال

35 - Frutta

ت	ز	ر	ك	ا	خ	ظ	ة	أ	ة	ط	آ	ص	ث	ز	ر
ص	و	د	ا	ك	و	ف	أ	ن	ن	ب	ي	ح	ؤ	ح	م
ق	م	ت	ي	و	خ	ش	ح	ا	ف	ت	ق	ط	ش	آ	ف
و	ج	ن	ا	م	آ	م	ت	ن	ط	ج	ؤ	ق	ؤ	ط	ب
م	ض	ة	ب	ل	ق	ا	غ	ا	ب	ح	ر	ذ	ع	إ	آ
ث	ش	خ	ا	ز	ع	م	و	س	ر	ق	غ	و	ظ	ا	ى
إ	ب	م	ب	ى	ث	ل	ن	و	ت	ح	ت	ث	ل	ت	د
آ	ل	ة	ش	إ	ى	ح	ي	ئ	ق	ق	غ	ض	ن	ض	ل
ث	ا	ي	ط	ت	ط	غ	ت	ق	ا	س	ب	ج	ن	ت	ي
س	ك	ج	ط	غ	ظ	ؤ	ئ	ح	ل	ي	ع	ي	ص	ص	م
ص	ب	ن	ي	ز	ف	ل	ع	و	ي	ف	آ	و	ر	ش	و
ش	ي	ت	ا	ؤ	ئ	ك	ن	م	د	ح	ة	ي	ط	ي	ن
ى	ر	ث	م	ك	ل	ص	ب	إ	ث	ل	د	ك	إ	و	ح
غ	ي	د	ق	ق	ئ	ا	آ	ض	ق	ب	ر	ق	و	ق	ي
ش	ئ	ي	د	و	ى	ب	ا	ش	م	ط	ئ	م	ث	ل	ت
ع	ف	ق	آ	ث	ئ	ة	ة	ح	ب	ج	غ	ش	و	ع	ح

مشمش
أناناس
برتقالي
أفوكادو
بيري
موز
كرز
تين
كيوي
توت العليق

ليمون
مانجو
تفاح
شمام
بلاك بيري
بابايا
كمثرى
خوخ
برقوق
عنب

36 - Fattoria #2

ص	ش	ز	ح	ا	ي	ذ	ج	ئ	ر	ش	ح	ى	ر	غ	ى
د	ج	م	ب	ؤ	ك	ث	ة	ف	و	ر	خ	ر	ا	ر	ج
ة	ط	ب	و	ي	ح	إ	ج	ظ	ذ	غ	ث	ن	غ	ئ	ظ
ض	ا	ز	ب	ج	ع	غ	ق	ر	ل	ة	ؤ	ظ	ز	ح	و
ف	إ	ش	ذ	ط	ع	ا	م	ك	ر	ي	ع	ش	ن	ت	ل
ح	ف	م	ر	و	ؤ	س	ح	ي	ع	ا	ر	ل	ا	ح	ط
ا	ر	ث	ة	ى	غ	ا	ل	خ	ض	ر	و	ا	ت	ظ	ي
ج	إ	ي	ج	آ	ل	ة	ح	ط	ر	ش	ج	ز	س	ي	ا
ى	و	ح	ة	ح	ه	آ	آ	ق	ن	ح	ؤ	ل	ب	ر	ل
ض	ق	ة	ق	ك	ب	د	ب	ة	ك	خ	ط	ح	ا	ة	ر
غ	ؤ	ر	ا	ئ	ح	ب	ذ	م	س	ن	ع	ل	ص	د	ي
ع	ي	ف	آ	و	ف	ق	د	ح	ل	ز	ر	ي	ظ	ة	د
ع	ع	ر	ا	ز	م	ض	آ	ظ	ف	ذ	ز	ب	ر	ن	ج
ذ	ض	ت	و	ص	آ	ض	ا	ل	ح	ي	و	ا	ن	ا	ت
ا	ر	أ	ا	ف	خ	ا	ج	ن	ا	د	ف	ج	م	ض	ل
ن	ا	ة	ج	إ	ا	آ	ط	م	ش	غ	ف	ش	إ	ج	خ

مزارع
بطة
الحيوانات
طعام
حظيرة
فاكهة
بستان
قمح
الري
لهب

حليب
حبوب ذرة
ناضج
أوز
شعير
الراعي
خروف
مرج
جرار
الخضروات

37 - Verdure

ج ب ا ذ ن ج ا ن ط س ة ش ى س ب ز
د ص ك ة ي ل ف ت م ن آ د ث ط ن إ
ؤ د ب ف ب ج خ ز ا ح ى غ ي ج ي و
ي س ل ط ة ف غ ئ ط ب ب ظ ب و ط ؤ
ش إ ا إ ض ت م ك م م ع ي ذ ص ق آ
ص ط ف و ش ر خ ل ص ب ل ز آ ى ي ص
س م إ ل ض ئ ن خ ة غ ث ا ر ك ل ا
س ن و د ق ب ا د ق ح ب ب ط خ ل ط
ت ط ص د و ض ب ن د ح ا س ف ر ك إ
ة غ ث ر ص غ س ر ل ز ي ل ك و ر ب
ش م ط ل ث م و ث ل ت ط د ك ت ظ خ
ع ب ش خ ي ؤ ر ا إ س ط ط د ك س ع
ن ض ر ظ ق ل ء س ي آ د د ئ ذ ز آ
ج ج ر ز ئ ل ز ح ي ض ؤ ع ش ي ر ل
ة ز ع ئ ر ا ي خ ح ع ب ي ع ض د آ
ا ر ئ ش ى آ ؤ د ح ا ت ي غ ت ن ل

بازلاء
طماطم
بقدونس
لفت
فجل
الكراث
كرفس
سبانخ
زنجبيل
يقطين

ثوم
بروكلي
خرشوف
جزر
خيار
بصل
فطر
سلطة
باذنجان
البطاطس

38 - Musica

م	د	م	خ	ش	أ	ش	ز	ص	إ	ي	ق	ا	ع	ي	ص
ن	ي	ن	غ	م	ل	ا	ع	ر	ى	ك	ب	ر	ؤ	ي	ك
م	ق	ك	ش	غ	ب	ع	ئ	ح	ن	ي	ى	ب	ة	ث	ط
آ	ي	ي	ر	ك	و	ر	ت	ث	ع	س	ك	و	و	ا	م
ر	س	أ	ق	و	م	ي	ذ	ط	ة	ا	د	أ	غ	ن	ى
ج	و	ز	غ	ز	ف	ص	و	ت	ي	ل	ث	خ	خ	ؤ	ش
ض	م	ف	ذ	ن	ح	و	ا	ح	آ	ك	ي	ب	س	ة	ح
آ	ف	م	إ	ح	ي	ض	ن	ئ	ث	ص	آ	ج	ج	آ	خ
ؤ	ف	ب	ن	ل	ا	ة	غ	ئ	ت	د	و	ف	س	ظ	ح
ا	ن	س	ج	ا	م	ق	ن	م	ر	إ	د	س	خ	ت	غ
د	ئ	ذ	ش	ث	ث	و	ا	س	ل	ي	ق	ط	ل	ئ	ض
ح	ظ	ت	آ	ا	د	ج	ئ	ح	ظ	ق	ث	ح	ت	غ	و
م	ت	ن	ا	س	ق	ر	ي	ض	ج	ا	د	ز	ل	ز	ف
ا	ل	إ	ي	ق	ا	ع	ة	م	ي	ع	ق	ئ	د	ئ	س
ئ	ح	ن	ت	إ	ص	ع	د	ا	ص	ق	ن	ث	ؤ	ة	ر
ة	ر	خ	ص	ة	ة	إ	ث	ى	د	ع	ط	غ	ئ	ي	ب

ألبوم
انسجام
متناسق
أغنية
المغني
غنى
كلاسيكي
جوقة
غنائية
لحن

ميكروفون
موسيقي
أوبرا
شاعري
تسجيل
إيقاعي
إيقاع
أداة
الإيقاع
صوتي

39 - Barbecue

ل	ر	ع	غ	ب	ن	ل	ق	ن	ف	غ	آ	ك	س	س	ؤ
إ	ط	و	ط	ذ	ص	آ	ك	إ	ة	ة	ش	خ	ك	خ	ق
آ	ص	ث	ح	ح	ش	ط	غ	ى	ذ	ؤ	آ	ؤ	ا	ط	ى
ذ	ز	ح	آ	ظ	ة	د	ص	ق	ض	ئ	ط	ح	ك	ض	ة
ش	آ	آ	ت	م	ر	ب	ف	ي	ص	م	ء	ب	ي	ل	م
د	ج	ا	ج	ط	ي	ا	ل	س	ل	ط	ا	ت	ن	ت	ئ
ؤ	ص	ظ	ل	ؤ	ة	ع	ح	و	ف	ا	د	ع	ث	ف	ك
خ	ح	ز	ط	ف	ح	ل	م	م	ل	م	غ	ع	ط	ا	إ
ش	و	ا	ي	ة	س	أ	ج	ع	ف	ط	ط	م	ى	ك	ي
ع	ش	ا	ء	ص	ل	ص	ة	و	س	ة	ؤ	ث	ث	ه	ب
س	غ	ك	ت	خ	ؤ	ت	ؤ	ش	ع	ع	ع	إ	س	ة	ك
ح	ص	غ	غ	ض	ث	غ	غ	ؤ	و	ن	ى	خ	ع	ل	ؤ
ا	د	آ	ش	ل	ث	و	م	ط	ل	خ	ئ	ظ	آ	ن	خ
ئ	د	ث	ش	إ	ت	ى	ى	إ	ث	ض	ض	ط	خ	و	ع
س	م	س	ط	أ	س	ر	ة	و	ع	د	ى	ص	ي	س	ؤ
د	ب	ص	ل	ع	ك	غ	إ	ذ	ض	و	ض	م	ج	ئ	ز

حار
عشاء
طعام
بصل
سكاكين
صيف
جوع
أسرة
فاكهة
ألعاب

شواية
السلطات
دعوة
موسيقى
فلفل
دجاج
طماطم
غداء
ملح
صلصة

40 - Insetti

ف	إ	ط	س	ج	ن	د	ب	ء	ا	س	ف	ن	خ	ل	ا
ر	ي	ظ	ص	ر	ص	و	ر	ف	م	ظ	د	م	ك	خ	ف
س	ر	و	ب	د	س	ط	غ	ط	ف	و	ر	ل	ا	ق	ر
ا	ل	ص	ز	ع	ع	ا	و	ذ	د	د	ك	ا	ض	ش	ا
ل	ف	ت	ي	ى	ى	ل	ث	ة	ب	إ	ف	ص	ق	ش	ش
ن	د	ل	ز	ج	م	ب	ط	غ	ى	ظ	ف	ذ	ص	ر	ة
ب	ا	غ	ل	آ	ك	ع	ئ	ا	ذ	ر	ث	ت	ب	د	و
ي	غ	إ	ا	ا	آ	و	ص	م	ف	ح	إ	د	ت	ت	ب
م	ط	ت	ث	إ	ر	ض	ض	ج	ل	و	ؤ	ك	ى	ذ	ح
ك	ذ	خ	خ	خ	ئ	ص	ة	د	ا	ر	ج	ذ	ق	ظ	ي
غ	ر	ج	ن	ر	و	ب	د	ل	ا	أ	ن	س	إ	ئ	ئ
ؤ	ة	ي	ف	ئ	ئ	آ	ة	ض	إ	ر	ع	ؤ	ب	س	د
ا	ى	ع	س	ي	ب	خ	إ	د	ل	ض	ك	ع	ن	ا	ز
ة	ث	ة	ا	غ	ت	ك	ي	ر	ق	ة	و	ث	م	ق	إ
ة	د	ض	ء	س	آ	ظ	ع	ق	ق	ؤ	ث	ظ	د	ل	ر
ع	ة	ن	ل	ك	ي	ا	خ	د	ن	م	ل	ة	ل	ح	ن

يرقة
اليعسوب
جرادة
فرس النبي
برغوث
صرصور
أرضة
دودة
دبور
البعوض

المن
نحلة
الدبور
جندب
الزيز
الخنفساء
خنفساء
عثة
فراشة
نملة

41 - Fisica

آ	إ	ق	ر	ى	ث	ق	إ	ب	ظ	ف	ض	ح	غ	ج	ط
ت	ص	ث	ق	إ	ص	ظ	ت	ت	آ	و	ط	غ	ص	س	ئ
س	ي	ي	غ	ط	د	ر	خ	ر	ل	ض	خ	ح	ث	ي	ث
ف	د	ا	ر	غ	ؤ	ؤ	ض	ح	د	ى	ث	ج	م	م	م
م	ع	ا	د	ل	ة	ع	ر	س	ت	د	ش	ب	ح	ث	آ
ل	ز	غ	ع	ا	ظ	ئ	ق	ي	ئ	ض	ل	آ	ر	ث	ف
ع	ا	ل	م	ي	د	ع	ج	ا	ذ	ب	ي	ة	ك	ا	ت
ق	غ	ا	ب	ق	ر	ظ	م	ع	ة	ظ	خ	ح	د	د	ى
ا	ل	ن	س	ب	ي	ة	ذ	ي	ن	و	و	ي	ص	ذ	ح
إ	ح	ض	و	ك	غ	ز	ر	ر	ك	ذ	ق	ئ	ت	غ	خ
آ	ل	إ	د	ر	ت	إ	ة	س	ك	ا	ع	ز	و	و	ا
ظ	خ	ك	ئ	م	م	ر	ظ	ت	ؤ	إ	ن	ي	س	ئ	ر
إ	ئ	ذ	ت	ق	ك	ك	ث	ا	ف	ة	ب	ي	ع	د	ق
ؤ	ل	ل	ئ	ر	غ	ر	ق	ص	آ	ت	آ	ة	ك	ؤ	م
ؤ	إ	ك	ة	ب	و	ى	آ	ض	ح	ع	غ	ح	ئ	ا	ص
ة	ي	س	ي	ط	ا	ن	غ	م	ل	ا	ي	ك	آ	ل	ش

المغناطيسية
ميكانيكا
مركب
محرك
نووي
جسيم
النسبية
عالمي
متغير
سرعة

تسريع
ذرة
فوضى
كثافة
إلكترون
توسع
معادلة
تردد
غاز
جاذبية

42 - Agronomia

ا	ث	ط	ؤ	ع	ى	ط	م	ص	س	ط	ش	م	ه	ع	ت
ز	ج	ب	ن	إ	ل	و	ع	ح	ف	م	ا	ا	و	ج	غ
ف	ظ	ت	آ	ك	ل	م	ش	ا	ل	خ	ا	ء	ي	ي	ض
ط	ب	ح	ث	غ	ئ	ا	ا	غ	م	ف	ن	د	ة	ن	إ
غ	ي	ى	و	م	ن	ث	ج	ل	ش	ا	س	ت	خ	ص	ؤ
ض	ا	ئ	ل	ر	م	ث	ر	ك	ب	ي	ع	ل	م	ذ	غ
ا	ل	ز	ت	ع	ض	و	ي	ز	إ	ي	و	ر	ق	ض	ر
ي	أ	ش	ل	ل	ى	إ	ج	و	ا	ط	ئ	ض	ى	ز	ث
ع	م	خ	ا	ز	ر	ا	ع	ة	ن	ب	ذ	ة	ب	ر	ت
ا	ر	ز	آ	ر	ث	ث	إ	ئ	س	ذ	ث	م	خ	ن	ت
ئ	ا	ب	ذ	ي	ج	ل	ا	ي	ض	و	ص	ظ	ظ	ت	ا
ف	ض	ت	آ	ر	ف	ر	م	ب	س	ر	ش	ن	س	ي	و
إ	ن	ح	م	ق	س	ا	ع	و	آ	ر	ف	أ	ي	ا	ط
إ	ن	ت	ا	ج	ط	ا	ق	ة	م	ط	ت	ل	ل	خ	ت
ظ	ا	ج	ض	ك	ي	ص	آ	ك	ا	ز	ق	ا	ت	ز	غ
ى	ض	د	إ	ؤ	ع	ص	ح	ئ	غ	ي	م	ز	ى	ق	ظ

ماء
زراعة
بيئة
طعام
نمو
علم البيئة
طاقة
تآكل
سماد
هوية

التلوث
الأمراض
عضوي
إنتاج
بحث
قروي
علم
بذور
الأنظمة
تربة

43 - Erboristeria

ل	د	ن	ك	إ	ن	ة	ح	ا	ص	ب	ى	ب	ي	ع	ة
ؤ	ي	ى	ن	ك	ش	ف	د	و	ذ	ث	و	م	ي	خ	م
ة	ر	م	ش	ل	ا	و	ي	ج	و	د	ة	ل	ف	ش	ز
ر	ض	ا	ب	ي	س	س	ق	ه	م	ر	د	ق	و	ش	ط
ه	خ	ز	ن	ل	ق	ي	ة	س	ط	ع	ك	ق	و	م	ى
ز	أ	خ	ت	ا	ئ	ر	ص	ن	ع	ل	ا	ث	ع	د	ص
ن	و	س	خ	ل	ب	ط	آ	و	ط	ظ	ا	ش	ب	ت	آ
ا	ع	ت	ل	ج	ذ	ع	ض	د	ا	ل	ط	ر	خ	و	ن
ر	غ	ن	ل	ب	ن	ي	ى	ق	س	ب	ط	ط	ع	ي	ز
ف	و	ة	ا	ل	ق	ش	غ	ب	و	ا	ص	ل	غ	ي	ض
ع	و	ع	ا	ع	ى	ك	ر	ي	ش	و	ز	ز	ئ	ك	آ
ز	إ	آ	إ	ئ	ح	د	ح	ض	ص	ت	ز	س	ى	ز	ك
ش	م	ل	ج	ى	ط	غ	ث	و	د	ط	ى	آ	ج	ع	ظ
ر	ي	ح	ا	ن	ك	آ	ى	إ	ا	د	ت	ج	ج	ت	ج
آ	م	ث	ن	م	ف	ب	ن	ى	ل	ى	ئ	ع	ز	ر	ة
ض	ت	ز	د	ؤ	ئ	ر	ئ	د	ح	د	ز	ب	ظ	ا	إ

ثوم
شبت
عطري
ريحان
الطهي
الطرخون
الشمرة
زهرة
حديقة
العنصر

خزامى
مردقوش
نعناع
توابل
بقدونس
جودة
إكليل الجبل
زعتر
أخضر
زعفران

44 - Danza

ق	إ	آ	ب	ن	ا	ق	ظ	ز	ي	ا	ح	م	ن	ي	ن
م	ص	ط	ص	ط	ن	ج	ؤ	ن	ك	ظ	ى	و	خ	ز	ؤ
ض	ث	ؤ	ر	ب	ع	و	إ	ي	ق	ا	ع	س	ف	ن	ح
ث	ق	ف	ي	ي	م	ر	ت	ط	م	ي	د	ي	ل	ق	ت
س	ا	ج	ص	ق	ة	ؤ	ط	ن	ن	ص	م	ق	ا	ع	د
ز	ف	ث	ف	ف	ق	و	م	ل	ا	ش	س	ى	ل	ن	ا
ح	ي	ة	ظ	ز	ك	ل	ا	س	ي	ك	ي	ش	أ	آ	ض
ر	ر	ؤ	ب	ش	د	ب	ص	ى	خ	إ	ث	ض	ك	ل	ى
م	ظ	ك	ي	ر	ي	ق	ض	آ	ئ	ش	ز	ق	ا	ك	ل
ب	ض	ي	ة	ث	ي	ف	ل	خ	م	ق	ظ	ر	د	ح	س
ع	ش	ر	ف	ف	ز	ف	ج	ب	آ	ف	خ	ف	ي	ة	ظ
د	خ	ش	و	ن	ا	ت	ذ	م	ح	ة	إ	ف	م	ض	ت
ح	ئ	ع	ر	ع	ت	ق	ذ	د	ع	ف	ى	ث	ي	إ	ل
إ	د	ذ	ب	ع	ؤ	ب	ث	ن	ق	ب	ع	ي	ة	ف	ؤ
ت	خ	ط	و	ا	ي	ف	ا	ر	غ	ي	ر	و	ك	ل	ا
ع	ا	ط	ف	ة	ع	ئ	ص	ي	ج	إ	ظ	ة	ع	ت	ش

الأكاديمية
فن
كلاسيكي
شريك
الكوريغرافيا
جثة
ثقافة
ثقافي
عاطفة
معبرة

مرح
نعمة
حركة
موسيقى
الموقف
بروفة
إيقاع
قفز
تقليدي
بصري

45 - Biologia

ف	ض	ل	ث	ط	ا	ك	ذ	ت	ة	د	غ	م	خ	ا	ع
ي	م	ظ	ق	ش	ع	ض	إ	ح	ث	آ	ى	ظ	ر	ف	إ
ت	ى	ا	و	ى	م	ة	غ	ى	ف	س	ث	ع	إ	ف	ا
ل	ث	ل	م	ة	م	ف	د	ن	ح	ظ	ى	ب	ث	ف	آ
ل	ظ	م	ئ	ع	ظ	ت	ا	ي	ي	د	ث	ل	ا	ح	ؤ
م	ك	ش	ق	ن	ص	ص	ف	ن	ر	ق	ك	ش	ظ	ا	ن
إ	ر	ب	ث	م	ب	ج	إ	ج	ش	غ	ض	ج	ر	و	ي
ا	و	ك	د	خ	ى	ل	ل	ا	ت	ذ	ج	ح	ا	ز	ت
ت	م	ك	ع	ة	آ	ئ	ج	غ	ل	ض	ط	ة	ي	ل	و
ر	و	ت	ر	ظ	ض	ض	خ	ا	ا	ض	ت	ك	ر	ا	ر
ى	س	ا	ت	ك	ا	ف	ل	ى	إ	ط	ح	ف	ي	ط	ب
ع	و	ن	ز	ن	ص	ى	ي	ا	و	ي	ص	ز	ت	خ	ص
خ	م	ز	ت	ط	ف	ر	ة	ر	ق	ع	س	ت	ك	ل	ع
ى	آ	ي	ا	ل	ك	و	ل	ا	ج	ي	ن	و	ب	ص	ع
ه	ر	م	و	ن	ص	ي	ج	و	د	ب	ر	غ	غ	ش	ا
ج	ك	د	خ	ج	ع	ج	ح	آ	ئ	ط	ذ	ح	ذ	ض	إ

طبيعي
عصب
عصبون
نواة
هرمون
تناضج
بروتين
الزواحف
تكافل
المشبك

تشريح
بكتيريا
خلية
الكولاجين
كروموسوم
جنين
انزيم
تطور
الثدييات
طفرة

46 - Attività Commerciale

خ	ي	س	م	م	ا	س	ذ	ك	ش	ئ	ظ	م	ص	خ	ع
د	خ	م	ث	و	ص	ل	ظ	خ	ي	ذ	ئ	ه	إ	ح	ع
س	د	ظ	إ	ظ	ا	ؤ	ا	ة	ط	و	ت	ن	ث	ب	ع
ة	ك	ذ	و	ف	ح	إ	ك	ق	ص	ة	ص	ة	ك	ر	ش
ى	ئ	ظ	ض	م	ب	ئ	غ	غ	ت	ف	ع	م	ل	ة	ح
ع	ي	ب	ا	ك	ا	م	ن	ل	ل	ص	ب	ج	ن	ل	ب
م	م	آ	ظ	ت	ل	آ	ص	ا	ئ	ج	ا	م	ت	ج	ر
ي	إ	ل	ة	ب	ع	ك	غ	ن	ا	ز	م	د	غ	ل	ا
ز	ط	س	ي	ب	م	ئ	ب	ش	ع	ب	ض	ا	ئ	ع	م
ا	خ	ط	ل	ة	ل	آ	م	ا	ل	ث	ف	ا	ث	م	ث
ن	ل	آ	ا	ف	ت	ا	ة	ب	آ	س	ئ	س	ظ	ى	ت
ي	خ	إ	م	ل	ي	ج	ن	ة	ش	ط	ق	غ	م	ؤ	س
ة	ن	آ	ل	ك	ص	ف	ا	ق	ث	إ	ط	ذ	غ	ظ	ا
غ	م	ئ	ا	ت	ا	د	ا	ر	ي	إ	ل	ا	ى	ة	و
ئ	ث	ح	ن	ل	غ	ذ	ق	ط	ي	ى	ط	ح	ؤ	ي	غ
ت	ن	ك	إ	ا	ط	ي	ل	ك	و	ة	ؤ	ر	ط	ل	ز

متجر
ربح
الإيرادات
خصم
شركة
مال
عملية تجارية
مكتب
عملة
بيع

ميزانية
مهنة
التكلفة
صاحب العمل
موظف
الاقتصاد
مصنع
المالية
استثمار
بضائع

47 - Fiori

ئ	ف	ح	ع	غ	خ	ا	إ	ط	ت	ت	ا	ة	ا	ى	ض
ز	ئ	ؤ	ض	ؤ	ه	ي	د	ك	ر	ك	ل	ا	ط	س	ؤ
د	إ	ر	ف	ط	ز	ض	ط	ق	ش	ل	ب	ل	ر	م	ش
ق	س	ئ	غ	ص	ض	آ	ب	ي	ل	و	ت	خ	ذ	ى	ش
ز	ه	ر	ة	ا	ل	ع	ا	ط	ف	ة	ل	ش	د	ج	ك
ب	ض	ق	م	ي	ا	س	م	ي	ن	ظ	ة	خ	ن	ز	د
ا	ب	ظ	ر	ا	ه	ز	أ	ة	ق	ا	ب	ا	و	ف	ظ
ي	ل	ى	غ	ز	غ	ش	ج	ع	ذ	ة	و	ش	ي	ل	ف
ن	ح	ف	ت	ت	و	ن	ع	ب	ا	د	ا	ل	ش	م	س
ي	س	خ	ا	ة	ث	غ	و	و	ر	د	ة	إ	ح	ؤ	ق
د	ل	ز	ي	و	ي	ر	ب	ل	ا	س	ج	ر	ن	ل	ا
ر	ا	ا	ز	ج	ا	ز	م	ى	ي	ن	ا	و	ج	ر	أ
ا	خ	م	ي	ن	ل	ن	ط	ئ	خ	ا	ئ	م	ض	غ	ذ
ج	ب	ى	د	ظ	ب	ا	ي	ب	ل	و	م	ي	ر	ي	ا
ص	ف	ض	ش	ل	ز	ق	ع	ا	ف	ئ	ح	ة	و	م	ئ
إ	ا	ع	آ	ن	ؤ	ج	ق	د	س	إ	ش	ع	ا	ز	ص

النرجس البري
السحلب
الخشخاش
زهرة العاطفة
الفاوانيا
البتلة
بلوميريا
وردة
نفل
توليب

جاردينيا
ياسمين
زنبق
عباد الشمس
الكركديه
خزامى
أرجواني
ماغنوليا
ديزي
باقة أزهار

48 - Ecologia

ر	ق	ا	ح	ت	م	ج	ط	ب	ي	ع	ة	خ	ى	ا	ج
ع	ض	ض	ل	ة	ج	ا	م	س	ت	د	ا	م	و	ل	ؤ
ج	ن	و	ا	ظ	ه	ز	ف	ا	ف	ج	ج	ن	ؤ	م	ت
ل	د	ة	ع	و	ة	د	ؤ	ر	ذ	ن	ن	ا	ي	ت	ذ
ع	ج	ي	ا	ط	ا	ع	ع	ذ	ك	و	ق	خ	ع	ط	ظ
ا	ك	ر	إ	ؤ	ل	ض	س	ب	ز	ط	إ	ا	م	و	ك
ل	ا	ح	خ	ى	ح	ن	و	ا	خ	ح	ل	ك	ج	ع	ا
م	ط	ب	ي	ع	ي	ت	ج	ى	آ	أ	ك	ض	ش	و	ل
ي	ط	ل	آ	و	و	ز	ى	ظ	ن	ا	س	ت	ج	ن	م
ن	خ	ا	ؤ	ن	ا	ك	ئ	و	ن	ذ	ى	م	ط	و	و
ت	ر	ح	د	و	ن	إ	ا	ع	ب	ك	ط	د	س	ا	ئ
آ	ي	ط	ع	ؤ	ا	ع	ص	ق	ت	غ	ت	ح	ض	ف	ل
ل	ل	ل	ي	ذ	ت	ظ	ن	ت	ت	ا	ع	م	ت	ج	م
ى	ن	ز	و	و	آ	ؤ	ن	ج	د	ر	ا	و	م	ل	ا
س	ج	ب	ذ	ل	ى	و	س	ة	ي	ت	ا	ب	ن	ل	ا
د	ح	ر	ت	ش	ع	ة	ة	ر	ث	ت	ا	ت	ا	ب	ن

مناخ
مجتمعات
تنوع
الحيوانات
النباتية
عالمي
الموئل
البحرية
طبيعة
طبيعي

اهوار
نباتات
الموارد
جفاف
نجاة
مستدام
الأنواع
نوع
نبت
المتطوعون

49 - Discipline Scientifiche

ك	ع	ف	آ	ج	ل	ع	ل	ض	ج	ذ	ج	ع	ح	خ	ع
ع	ل	س	س	ن	ج	ا	ط	و	و	ي	ت	ل	ا	ع	ل
ا	م	ف	ر	ظ	ذ	م	ق	م	إ	ذ	ث	م	ى	ل	م
ا	ا	ن	ل	ي	و	ت	ف	ق	ث	ح	ش	ا	ت	م	ا
ب	ل	ل	و	ا	ي	ج	و	ل	و	ي	ج	ل	ط	ا	ل
ل	م	ا	ن	ك	م	ا	ج	ة	ي	ر	ق	ب	م	ل	ح
س	ن	م	ط	ي	ت	ل	ل	ك	آ	ش	آ	ي	ن	أ	ي
ا	ا	ل	ى	ن	غ	ا	ع	ر	ت	ت	ظ	ئ	د	ع	و
ن	ع	ع	ك	ا	ذ	م	ع	ح	و	ا	م	ة	ا	ص	ا
ي	ة	ب	ث	ك	ي	ل	ع	ل	ظ	ب	و	ؤ	ع	ا	ن
ا	ن	ظ	ح	ي	ة	ع	ط	ا	ح	ن	و	ث	م	ب	ج
ت	ل	ف	ب	م	س	ة	س	م	ى	ل	ش	ت	ل	و	ج
ك	ي	م	ي	ا	ء	ح	ي	ل	ط	ا	آ	ؤ	ا	ث	ض
ب	ي	و	ل	و	ج	ي	ا	ع	خ	م	غ	ط	م	ت	ا
ف	ي	ز	ي	و	ل	و	ج	ي	ا	ل	ؤ	ن	ل	د	م
ع	ل	م	ا	ل	آ	ث	ا	ر	إ	ع	ض	ط	ع	ت	ر

تشريح
علم الآثار
علم الفلك
بيولوجيا
علم النبات
كيمياء
علم البيئة
فيزيولوجيا
جيولوجيا
علم المناعة

علم الحركة
لسانيات
ميكانيكا
علم المعادن
علم الأعصاب
تغذية
علم النفس
الروبوتات
علم الاجتماع
علم الحيوان

50 - Boxe

ح	ش	ش	ئ	ل	و	ث	ج	ح	ق	ة	ع	ق	ه	ر	م
ت	ش	ا	إ	ح	م	ا	ن	ب	خ	ن	ا	ة	ق	ك	ص
ي	ث	ئ	ب	ف	ر	ق	ص	خ	ث	ك	آ	ا	ح	ة	خ
غ	ص	س	ع	س	ن	ت	ش	س	ذ	ا	ع	ل	غ	ا	ل
ي	ع	ف	ل	ج	ا	ل	ن	ق	ا	ط	م	ت	ث	س	ا
ف	د	ح	ن	آ	م	ق	ا	ت	ل	ب	ظ	ر	إ	ؤ	غ
ل	آ	ص	ب	ى	ن	ب	ت	ز	ح	غ	ر	ك	آ	ر	ح
ن	ض	ة	ك	ق	ظ	ا	ع	ق	ب	ض	ة	ي	ظ	ئ	ج
ئ	ش	خ	ف	ش	غ	ت	ا	ظ	ا	ظ	و	ز	ت	ذ	ة
ز	ا	ئ	ع	ن	ق	ذ	ر	ك	ل	ة	ق	آ	خ	ت	ث
ا	ل	ث	ك	خ	ة	ث	ق	م	ة	ع	و	ك	ب	ة	ج
ز	ت	ر	ت	ظ	ر	ا	ف	ذ	ؤ	ي	ض	ب	ز	ر	د
ر	ع	ذ	ن	غ	ت	غ	ا	ق	إ	ر	ض	آ	س	ا	غ
ن	ا	ش	ج	ك	آ	ذ	ز	ز	ش	س	ف	و	ل	ه	ت
ل	ف	ش	ف	ؤ	ف	ذ	ا	غ	ف	ر	ق	ص	ق	م	و
ج	ي	س	ي	ز	ت	ا	ت	ل	ث	س	د	ت	ؤ	ج	ج

قوة
التركيز
كوع
قفازات
ذقن
قبضة
النقاط
سريع
التعافي

مهارة
ركن
حكم
الخصم
ركلة
جرس
مقاتل
الحبال
جثة
مرهق

51 - Imbarcazioni

ق	ت	ز	ى	ي	ج	ا	و	م	أ	ر	ة	إ	ى	ل	ب
خ	ث	ث	ت	ظ	ل	ك	ل	ب	ح	ث	ا	ك	م	ك	ذ
ب	ظ	ذ	و	ؤ	ت	ل	ب	ز	ؤ	ث	ت	ك	م	إ	ر
ث	ة	ط	د	م	خ	ض	ز	خ	و	ج	إ	ا	م	س	ة
ع	ي	ث	م	ح	ي	ط	ز	ة	ن	ر	خ	ع	ن	ه	ر
ب	ر	ع	ل	س	ق	ف	ة	آ	ت	ا	ق	و	غ	ج	ؤ
ل	ا	ج	ا	ط	ا	ق	م	ل	إ	ح	ى	ا	آ	غ	ئ
ض	س	م	ح	ر	ك	ا	ي	ا	ك	ب	غ	م	ى	ح	ش
و	ث	ك	خ	خ	ش	ذ	ذ	ك	م	ط	ة	ة	ح	ة	ص
ى	ع	س	ز	ئ	ب	ب	د	ظ	ة	ر	ا	ر	إ	ع	و
ب	ح	ر	ي	ب	ت	س	ك	ذ	ح	ي	س	ا	ي	ز	ص
ئ	ط	و	ف	د	ا	ؤ	آ	ر	ظ	آ	ر	ب	ز	ح	ط
ب	آ	ل	ك	آ	ت	ز	ب	آ	م	ق	م	ع	ظ	خ	ب
ش	ص	ب	ب	ك	خ	ة	ن	ص	ذ	خ	ر	ل	ن	م	ا
ق	د	ؤ	غ	ك	و	ك	ذ	ى	ز	ط	و	ا	ن	ز	خ
ر	ؤ	ح	ف	ب	ح	ر	ج	ن	د	ي	ق	ج	ل	م	و

بحر
المد
بحار
محرك
بحري
محيط
أمواج
العبارة
يخت
طوف

سارية
مرساة
مركب شراعي
عوامة
الزورق
حبل
طاقم
نهر
كاياك
بحيرة

52 - Chimica

ل	م	أ	ش	س	آ	ن	ب	أ	ق	ن	ق	ر	م	ن	د
غ	ث	ي	ة	ؤ	ح	ي	ك	ك	ك	ن	ل	ا	ل	ظ	د
ا	ق	و	غ	ط	ك	ش	آ	س	ر	ض	و	ؤ	ح	ص	ف
ز	ة	ن	ذ	ر	ي	ى	ؤ	ج	و	م	ي	ل	ظ	آ	ض
ث	ر	ي	ص	ر	ك	ذ	م	ي	ر	ح	ظ	س	ن	ى	خ
ن	ا	ج	ص	ظ	ئ	ظ	ن	ن	ض	ث	ح	ر	ق	ى	ص
م	ر	و	ح	ر	ا	ر	ة	و	آ	ئ	س	ن	ى	د	د
ز	ح	ر	و	و	م	ح	ف	ز	و	غ	ب	ج	ر	غ	ي
ف	ل	د	إ	ل	ك	ت	ر	و	ن	ي	م	ش	ش	آ	و
ق	ا	ي	ض	ك	ط	ش	ئ	د	ا	ش	ب	س	ص	ص	إ
ف	ة	ه	ث	س	ظ	ض	ك	ك	ن	ك	ظ	ر	ذ	ف	ش
ك	ج	خ	و	ا	خ	ح	آ	د	ز	و	ب	ع	ض	ر	ى
ك	ر	ب	و	ن	ع	ض	و	ي	ي	ز	م	ن	ق	و	خ
م	د	ت	ذ	ا	ض	ج	ر	ر	م	ن	ك	س	ص	ئ	ن
ا	ؤ	ن	م	ل	ق	س	ح	ا	س	ص	ج	ز	ة	ك	ظ
ف	ك	ت	ز	س	ا	ئ	ل	م	ك	خ	ف	ص	ف	آ	ج

حمض
قلوي
ذري
حرارة
كربون
محفز
كلور
إلكترون
انزيم
غاز

هيدروجين
أيون
سائل
مركب
نووي
عضوي
أكسجين
وزن
ملح
درجة الحرارة

53 - Api

خ	ل	ج	و	ت	ح	ظ	خ	ت	أ	ى	ط	ى	ل	س	ع
ر	ش	ظ	ص	آ	ش	ب	ر	ج	م	ب	ع	ي	م	م	و
و	ف	ا	ت	غ	ر	ك	ن	ك	د	ن	ا	ر	ى	ش	ن
ق	ف	ا	ك	ه	ة	ح	ا	ة	و	و	م	ج	غ	ر	ت
ز	ص	ئ	ط	ر	ة	ة	خ	و	إ	ؤ	ة	ك	ل	م	ب
ه	ت	ة	د	ي	ف	م	د	ن	ح	ذ	ك	ك	ص	ة	ر
ر	ح	آ	ج	س	ظ	ث	ب	ظ	س	م	ع	ى	ة	ر	غ
ح	د	ة	ق	ي	د	ح	ن	ز	ر	ف	ش	ح	ا	ق	ل
ا	ج	ل	ب	ت	ئ	ب	و	س	ب	ف	ا	ؤ	ر	و	ئ
ل	إ	ث	ف	ؤ	ا	ج	ق	ح	ؤ	آ	ن	إ	ك	ش	ا
ز	ك	ب	ل	ت	د	ض	غ	ظ	س	م	د	ا	غ	ل	و
ه	ح	ن	ا	ص	ق	غ	ؤ	ع	م	د	ت	ب	م	ش	غ
و	ز	ت	ب	ث	و	خ	آ	ا	ض	ة	ش	و	إ	ط	ص
ر	ا	ل	ن	ظ	ا	م	ا	ل	ب	ي	ئ	ي	ص	ا	ظ
ش	ع	م	ش	ل	ع	ؤ	ف	ت	ق	ل	ص	ب	ش	خ	ش
ر	ة	م	ة	ث	ئ	ذ	ا	ظ	د	خ	و	ز	ى	ط	ف

دخان
حديقة
الموئل
حشرة
عسل
نباتات
لقاح
ملكة
سرب
شمس

أجنحة
خلية
مفيد
شمع
طعام
تنوع
النظام البيئي
الزهور
زهر
فاكهة

54 - Strumenti Musicali

ا	ل	م	ز	م	ا	ر	ا	ل	ت	ر	و	م	ب	و	ن
ي	ز	ر	ي	ب	ذ	ض	آ	ظ	ي	ت	ظ	ك	و	آ	و
ا	ك	ي	ن	و	م	ر	ا	ه	م	ل	ث	م	ن	ظ	س
ن	ذ	ق	و	ب	د	ل	ن	ع	ر	ر	ط	ا	ر	ط	ا
ا	غ	ل	ف	ت	ف	ث	ب	ي	ا	ن	و	ن	ش	ر	ب
ق	و	ب	س	ض	ؤ	خ	ن	ط	م	ى	ج	ض	ك	ذ	ز
و	ت	ز	ك	خ	خ	ك	ز	آ	ز	ى	ن	ن	ظ	ض	ى
س	ؤ	ر	ا	ة	م	غ	س	ث	م	ي	ا	ظ	ك	ى	ب
ث	ظ	ض	س	ا	ل	ت	ش	ي	ل	و	ب	د	ن	ض	م
ظ	ؤ	ك	ش	ج	ئ	ص	ط	إ	م	ب	ل	ص	ح	ت	ا
ق	آ	ا	ب	د	خ	آ	ح	ق	د	ن	ا	ح	ظ	ف	ر
ك	ص	ف	ل	ش	م	ط	ط	ي	ط	ح	إ	ط	ة	ي	ي
ط	ئ	ف	ز	ئ	ك	ث	ي	ث	ض	ث	ز	ى	ث	ظ	م
ع	ل	س	ج	ؤ	ق	د	ظ	ا	و	و	ظ	ك	م	م	ب
ش	ف	ة	ت	س	ض	ر	ى	ر	ي	غ	ص	ف	د	ث	ا
م	ن	د	و	ل	ي	ن	ع	ة	ب	ي	ذ	ب	ح	ص	ح

هارمونيكا
جنك
البانجو
قيثارة
مزمار
باسون
ناي
ناقوس
مندولين
ماريمبا

المزمار
قرع
بيانو
ساكسفون
دف صغير
طبل
بوق
الترومبون
كمان
التشيلو

55 - Professioni #2

ع	ث	ح	ا	ب	أ	ث	م	ر	م	ى	ج	غ	ن	ا	ب
ا	ب	ظ	ن	ل	ل	م	آ	ص	ز	خ	ج	ر	ا	ح	ن
ل	آ	ق	ق	ح	م	ي	ي	و	غ	ل	ت	ط	ه	ظ	ل
م	ج	ع	آ	إ	ر	ص	ع	ن	ن	ل	م	ر	د	إ	ص
ا	ذ	و	ح	ا	م	م	و	ع	ا	ط	ا	ة	ع	ص	ذ
ل	ء	ا	ض	ف	د	ئ	ا	ر	ن	ل	ا	ي	و	ج	ب
ح	ي	ف	ح	ص	ذ	ؤ	ق	ا	س	ظ	م	ك	و	ة	ظ
ي	ن	ي	ئ	ا	ي	ح	أ	ز	أ	ت	و	ك	ق	ا	ل
و	ا	ل	ط	س	ذ	ر	و	م	ب	ص	م	و	ت	ب	ر
ا	ت	س	ر	د	م	ن	ذ	ض	ي	ط	ب	ي	ب	ب	ط
ن	س	و	س	ن	ط	ي	ا	ر	ب	د	ع	و	ر	ل	ة
ي	ب	ف	ؤ	ه	ذ	ك	ؤ	ن	ط	إ	ط	ش	د	آ	ب
ؤ	ش	ئ	س	م	و	ر	ص	ئ	ق	ا	ى	ق	ذ	ة	ش
ق	خ	خ	ل	د	ز	ط	ض	ك	ل	ز	ع	ة	س	ت	ة
ت	ق	ق	ى	ث	ر	ى	ؤ	خ	م	ة	إ	ت	ؤ	ر	ئ
ي	ى	س	إ	ظ	ت	د	ل	غ	خ	ي	خ	ق	ث	ؤ	م

مهندس
مدرس
مخترع
محقق
لغوي
طبيب
طيار
دهان
باحث
عالم الحيوان

مزارع
رائد فضاء
أمين المكتبة
أحيائي
جراح
طبيب أسنان
فيلسوف
بستاني
صحفي
المصور

56 - Letteratura

ث	ف	ط	م	ن	ت	ج	ق	ة	و	آ	ن	ز	ئ	ؤ	خ
م	ت	ؤ	ؤ	ع	ت	ظ	ن	غ	ظ	ط	خ	ر	ج	ل	م
ت	د	ج	ل	ح	و	ا	ر	ا	ت	آ	ر	ز	ض	ص	و
ق	ي	ة	ف	خ	ق	ش	ي	ص	ا	ذ	م	ا	ر	م	ض
ة	ر	ظ	ج	ص	آ	ي	آ	ح	غ	ل	ك	د	ل	خ	و
ة	ث	ة	ي	ا	و	ر	ذ	ى	ف	ح	ت	آ	ف	ض	ع
ف	ض	ر	أ	إ	ل	ئ	ل	آ	ا	ا	ج	ا	د	ش	د
ئ	ا	ا	ر	غ	ل	ن	غ	س	ح	ك	ا	ي	ة	ا	ا
س	ل	ع	ا	ق	ي	إ	و	و	إ	ئ	ت	ن	ي	ع	ث
م	ى	ت	ز	ذ	ص	ش	ط	ع	و	ا	ن	ش	ف	ر	ق
ط	ز	س	ي	ش	ئ	ي	م	ص	ق	ث	ت	ج	ا	ي	ض
ذ	ة	ا	س	أ	م	ا	د	غ	ة	ث	س	ا	ق	ص	ى
ا	ل	ق	ي	ا	س	م	ر	ة	ن	ر	ا	ق	م	ن	ط
إ	إ	ا	آ	ث	ف	ن	ر	ت	ح	ل	ي	ل	ؤ	ق	و
ش	ف	ي	ق	ف	ش	ذ	ا	ي	س	ظ	ل	آ	د	د	ظ
ع	خ	ي	ن	م	ط	ث	ش	ى	ح	ف	آ	ذ	ر	خ	ر

تحليل
القياس
حكاية
مؤلف
استنتاج
مقارنة
نقد
وصف
حوار
النوع

استعارة
رأي
قصيدة
شاعري
قافية
إيقاع
رواية
نمط
موضوع
مأساة

57 - Cibo #2

ؤ	ا	ى	ص	ت	ك	ة	س	ؤ	و	ة	ك	ة	ل	ى	ع
غ	ا	ض	د	ي	ة	ت	ف	ا	ح	م	ق	ن	ث	ص	خ
ب	ز	غ	ن	ج	ت	ط	ر	ن	د	ط	ق	د	ئ	ي	و
ل	ج	ز	ا	م	ا	ز	ك	ر	ظ	ا	ز	ك	ت	ث	ا
ل	ش	ب	ج	ط	ل	ج	ن	ظ	و	م	ذ	ى	م	آ	ك
ت	ح	خ	ن	ى	و	ح	إ	ق	س	ط	ي	د	ص	ب	ر
ح	ز	م	ذ	خ	ك	ؤ	ص	غ	م	و	ل	ص	ج	آ	ز
إ	د	غ	ا	ب	و	ا	ع	ت	ك	و	ي	ر	ج	ق	ر
م	ذ	ا	ب	ل	ش	و	آ	ل	ض	خ	ص	ث	آ	ؤ	أ
ب	إ	م	غ	ح	خ	ز	ح	ل	ز	ف	ش	و	ل	ذ	ث
ض	ا	ؤ	م	م	و	ن	ث	إ	ش	ر	ش	غ	ى	ب	ع
س	ا	ك	ظ	ف	ن	خ	ز	و	م	ل	ص	ل	آ	ش	ر
خ	آ	ئ	ق	ط	ح	ة	ض	ي	ب	ي	د	ى	ط	و	ة
ج	خ	ذ	ن	ر	ي	ل	ك	و	ر	ب	ن	ع	ي	ل	ل
ع	ح	ئ	ج	ذ	آ	ت	ص	ي	د	ا	ب	ز	ئ	غ	ك
ة	س	ز	ي	ف	و	آ	ف	ك	آ	غ	س	ك	ب	ص	ض

موز
بروكلي
كرز
شوكولاتة
جبن
فطر
قمح
كيوي
تفاح
باذنجان

خبز
سمك
دجاج
طماطم
لحم الخنزير
أرز
كرفس
بيضة
عنب
زبادي

58 - Nutrizione

ت	ش	ا	و	ر	ئ	ف	ظ	ع	ل	ا	ز	غ	ؤ	ك	ث
و	ه	ى	ل	ا	ل	ب	ر	و	ت	ي	ن	ا	ت	س	ؤ
ا	ي	ت	ع	ص	ى	ظ	ئ	ي	غ	ل	ك	ف	و	ز	ن
ب	ة	ص	ل	ص	ح	ص	ا	ل	ح	ل	ل	أ	ك	ل	إ
ل	د	ا	د	د	ئ	ة	ه	ك	ن	ة	ن	ن	ع	ك	د
ج	و	ي	ل	ز	م	ظ	ئ	ئ	ة	ف	ل	ح	ح	ط	ل
ع	ج	ئ	ق	ك	ك	ع	د	ج	ق	ذ	ة	و	ف	ث	ة
س	ا	ؤ	ك	ز	ر	س	م	ض	ه	ص	ن	ط	ي	آ	ف
ئ	ة	ي	م	ح	ن	ب	ن	ص	ا	ن	ي	إ	ت	ع	ر
م	ت	ذ	ي	ظ	ة	س	و	س	ن	ش	ذ	ف	ا	ق	ة
ر	ع	غ	ش	ت	ز	ع	و	ه	س	ؤ	ط	إ	م	ا	ي
ي	ب	م	ت	و	ا	ز	ن	ا	ي	ص	ح	ي	ي	ص	و
م	س	ل	ع	ش	و	ر	ب	ج	ئ	د	ط	ص	ن	د	ل
خ	خ	ا	خ	ش	ز	ر	م	ث	ع	ل	ر	غ	خ	آ	ض
ت	خ	ك	ك	ر	ث	ة	ل	آ	ب	د	ى	ا	ى	ص	ن
ت	ظ	ث	إ	د	ة	و	إ	ر	ح	ذ	ث	ك	ت	ث	ر

مر
شهية
متوازن
الكربوهيدرات
صالح للأكل
حمية
هضم
تخمير
نكهة
سوائل

المغذي
وزن
البروتينات
جودة
صلصة
الصحة
صحي
توابل
سم
فيتامين

59 - Matematica

ى	ئ	ح	ر	ئ	ة	ي	ث	ك	إ	ل	ت	ز	ب	م	ق
ي	آ	ت	ب	ش	د	ل	ت	م	ا	ق	ر	أ	ل	ا	غ
آ	إ	ج	ج	ع	ق	ي	و	ع	ج	ن	ظ	ك	إ	ر	غ
ن	ن	ف	ة	ك	ى	ط	ث	ا	خ	ث	ا	ع	ش	ز	خ
ق	م	و	و	آ	ف	ت	ر	د	ك	ب	ن	غ	م	ق	ث
إ	د	ف	ظ	م	ف	س	ب	ل	ل	ي	ت	ع	ض	ق	خ
ح	ة	و	س	ش	ز	م	ا	ة	ة	آ	و	ث	ل	ق	ض
ص	س	د	ر	ج	ا	ت	أ	ك	م	ت	ص	ص	ع	ا	م
ح	د	ا	ي	ا	و	ز	ب	س	ج	ة	ل	ض	ا	ح	ث
ب	ن	ع	ب	ر	م	د	ج	ش	م	غ	ا	ع	آ	آ	ل
ك	ه	آ	ج	ش	ة	ى	ي	د	و	م	ع	ش	ش	ى	ث
ت	ظ	م	ظ	ة	ث	ن	آ	س	ع	آ	خ	ر	ص	ت	آ
ى	ج	ح	د	ا	ع	خ	ؤ	ن	ر	غ	ن	ي	ل	ص	ت
ر	ظ	ت	ر	ا	ي	ج	ق	ى	ص	س	ب	ك	ج	ز	ء
م	ا	ك	س	ث	ب	آ	ن	ج	خ	إ	د	ؤ	ح	ض	ض
م	ح	ي	ط	م	ة	ك	ب	ؤ	ط	ش	ن	ش	ش	ذ	ف

زوايا
حساب
عشري
قطر
معادلة
أس
جزء
هندسة
درجات
الأرقام

موازٍ
محيط
عمودي
مضلع
مربع
مستطيل
تناظر
مجموع
مثلث
الصوت

60 - Meditazione

ى	ة	ل	ط	ق	ع	س	و	ج	ج	د	ت	ى	ة	ض	ا
ل	ى	ض	ا	ة	خ	ب	ذ	ر	ا	ض	ج	ج	د	ل	ل
ث	خ	و	ل	ل	ز	خ	ح	ز	خ	ة	د	ن	ل	و	ج
س	ؤ	ؤ	م	خ	ل	ن	ر	آ	ط	ة	ض	ط	ي	ب	ذ
ل	ج	ث	ن	ث	ى	ا	ل	م	و	ق	ف	ق	ث	ق	د
ب	ة	م	ظ	ج	ش	ق	م	ت	ة	ح	خ	س	آ	ك	ؤ
ذ	ه	د	و	ء	و	ؤ	و	ض	ق	ف	ة	إ	ك	ك	ئ
آ	ش	ك	ر	ت	ا	ظ	غ	آ	ك	ص	ؤ	د	ز	ذ	ك
ا	ئ	ئ	ا	ا	ل	ظ	ة	ع	ي	ب	ط	ع	ه	ئ	ب
ل	ا	د	ك	و	م	م	ى	ل	ث	ز	ط	م	ا	ل	س
س	ل	غ	ف	ع	ر	ف	ق	و	ق	ف	ن	ط	ب	ظ	ف
ح	ع	ط	أ	ق	ا	ع	ي	ت	م	ص	ل	ا	ت	ب	ن
ع	و	ق	ث	ل	ق	إ	س	و	ج	ز	ز	آ	ن	ى	ت
ق	ا	ج	إ	ت	ب	ل	و	ض	و	ح	ق	ض	ا	ح	ل
ع	ط	ح	ر	ك	ة	س	م	ح	إ	ت	ؤ	ط	ف	آ	ا
ث	ف	ل	خ	ك	ث	س	ذ	ط	ك	ة	ن	د	ص	ة	ن

قبول
انتباه
هدوء
وضوح
عطف
العواطف
اللطف
شكر
عقلي
عقل

حركة
موسيقى
طبيعة
المراقبة
سلام
أفكار
الموقف
المنظور
التنفس
الصمت

61 - Antiquariato

م	ط	ئ	ة	ة	ي	ن	د	ع	م	ت	ا	ل	م	ع	و
ث	ز	إ	إ	د	ش	إ	ذ	ق	ع	ز	د	آ	ي	ض	ج
ج	ن	ا	ي	و	م	آ	ي	و	ر	و	ك	ي	د	ب	ة
و	ك	و	د	ج	ق	ث	ل	د	ض	ش	م	ج	ق	ا	ح
ي	غ	ى	ا	ع	ت	غ	ي	ز	ي	ب	ق	ص	ل	د	س
ط	ي	ط	ع	خ	ل	ا	ل	ن	ح	ت	ر	ف	ق	ي	غ
إ	د	ا	ر	ط	ى	ن	أ	ص	ل	ي	ن	ق	ا	ب	ى
ج	أ	ن	ي	ق	ش	ي	ي	ط	ئ	ي	ج	ع	ل	ن	ج
ى	ن	ي	غ	ح	ا	ش	خ	ف	ة	ي	ظ	آ	ف	ظ	غ
ز	ي	ظ	ش	غ	س	ذ	خ	ب	ب	ج	ة	ز	ف	ر	ح
ن	ر	ب	آ	ر	ت	ث	د	غ	إ	ن	م	ط	ز	ئ	ش
ث	ط	ص	ر	ط	ث	ا	م	ئ	ئ	ل	ي	ص	ر	د	ن
ث	ك	و	ز	ك	م	ث	ق	ن	ق	د	ق	ط	ذ	ش	ؤ
إ	ف	ة	ث	ف	ا	أ	ن	إ	ق	ن	ل	ح	إ	خ	ى
ث	ن	غ	ج	ي	ر	د	ى	س	آ	آ	ا	ض	ن	ع	ش
ف	ت	آ	ا	س	ت	ع	ا	د	ة	ف	س	ؤ	ة	ف	ش

أثاث
عملات معدنية
ثمن
جودة
استعادة
النحت
قرن
نمط
القيمة
قديم
فن
مزاد علني
أصلي
شرط
عقود
ديكور
أنيق
معرض
غير عادي
استثمار

62 - Escursionismo

ف	ط	ت	ط	غ	م	ظ	آ	أ	ق	ث	ص	ش	م	ا	ء
خ	ئ	ى	ؤ	غ	و	ص	ل	ح	ق	ى	ي	ز	ل	ى	ق
ا	ل	ب	ع	و	ض	ك	ى	ذ	ج	ي	ط	ح	ة	و	س
ل	م	إ	ؤ	ت	ئ	س	ت	ي	ب	م	د	ب	ع	ت	م
ح	ق	ا	و	ز	ث	ف	ت	ة	ل	ا	ب	ر	ي	د	ش
ي	ز	ل	و	س	م	خ	إ	ط	ئ	ت	ص	ة	ب	ث	ق
و	ذ	م	غ	ث	ي	ا	و	ق	ر	خ	ر	ي	ط	ة	م
ا	ة	خ	ت	ي	ز	ن	ظ	خ	ظ	ة	ط	س	ت	م	ة
ن	ر	ا	م	ؤ	خ	م	ض	ي	ش	ر	ه	ا	ج	ت	ا
ا	ا	ط	د	ج	ل	ا	ط	آ	م	ع	إ	ع	ت	ق	ث
ت	ج	ر	ف	ش	ت	ح	ت	م	ص	ز	ى	د	ح	ق	ز
س	ح	ي	آ	ص	د	و	ش	ض	ج	ن	ي	ج	ي	غ	ك
و	ل	ض	ظ	ة	غ	خ	ل	ن	ر	خ	ن	ل	م	ئ	ز
ر	ا	ح	آ	ن	ث	م	ش	ط	ز	د	ن	ة	ئ	ذ	ق
ئ	ت	ت	آ	آ	م	م	س	ج	آ	ر	ث	ى	ش	ف	م
ر	ك	م	ق	ج	ى	د	ش	ف	ا	ل	ح	ف	ا	ى	ر

ثقيل
الحجارة
تحضير
جرف
بري
شمس
متعب
أحذية
قمة
البعوض

ماء
الحيوانات
تخييم
مناخ
خريطة
جبل
طبيعة
اتجاه
الحدائق
المخاطر

63 - Professioni #1

ب	د	ى	ؤ	ل	ح	ؤ	آ	ث	ذ	ع	ئ	ف	م	ؤ	ت
ح	و	ن	ا	ي	ب	ل	ا	ف	ز	ا	ع	ح	ف	و	د
ا	ج	ص	ك	ز	ا	ف	ئ	ع	و	م	ر	ص	ن	ف	ج
ر	ى	ا	آ	غ	و	ر	ك	ض	ص	ر	ق	ي	ا	ل	ر
ذ	ئ	ط	ط	ئ	م	ظ	ص	ر	ل	ى	ظ	د	ن	ك	ح
ح	ج	ة	ص	ق	ا	ر	ف	م	ط	ى	و	ل	ن	ي	ط
ة	غ	ق	ص	ق	ق	ي	ث	م	ف	ذ	ع	ي	ا	ج	ق
م	ق	خ	ل	ا	ث	ط	د	ح	ج	ذ	ت	د	إ	و	ث
ح	ر	س	ا	م	خ	ر	ا	ئ	ط	ض	ر	ز	آ	ل	ج
ا	و	ط	ب	ي	ب	ب	ي	ط	ر	ي	ة	آ	ع	و	ق
م	ض	ظ	د	ص	ل	ذ	ص	د	ش	س	غ	ت	ؤ	ي	إ
ي	ع	ح	ر	ذ	ح	س	ص	س	ة	ذ	ز	ظ	ظ	ج	و
م	ل	ا	ع	ط	ن	ب	ا	ر	ي	ف	س	ب	ش	خ	ظ
ة	ح	ع	ز	م	و	ا	ئ	س	ف	ن	ل	ا	م	ل	ع
خ	آ	س	ب	ا	ؤ	ك	غ	آ	ئ	ى	ف	ح	ا	ض	ش
غ	ؤ	ل	ل	ي	ص	ض	ب	ت	ؤ	ق	ت	ف	ط	ح	ؤ

مدرب
سفير
فنان
فلكي
محامي
راقصة
مصرفي
صياد
رسام خرائط
محرر

صيدلي
جيولوجي
صائغ
سباك
ممرض
بحار
عازف البيانو
علم النفس
عالم
طبيب بيطري

64 - Antartide

ؤ	س	ب	آ	إ	ج	ث	ع	ض	آ	خ	ض	ن	ش	ط	ج
س	ض	ن	غ	ك	غ	ح	ز	ك	ت	ي	ي	ر	س	ق	ث
ذ	ل	ز	ج	ا	ر	ك	ي	و	خ	ل	ي	ج	ج	خ	ح
ة	ف	س	ؤ	س	ا	ي	ف	ا	ر	غ	و	ب	ط	ظ	ذ
ث	ع	س	ة	ت	ف	ث	ش	ك	ك	ط	ك	آ	د	ذ	ج
د	ا	ص	ت	ك	ي	ق	ع	ة	ث	ع	ب	ل	ا	ذ	ل
ة	ئ	ي	ب	ش	ة	ع	ك	ر	ز	ج	ل	ا	ض	ت	ث
ر	ح	م	ظ	ا	ا	ذ	ئ	ا	ز	ق	ر	ؤ	ى	ؤ	ن
ي	ج	ل	ء	ف	ذ	ئ	ي	ر	خ	ص	ب	ن	م	ي	آ
ز	ص	ع	ظ	ا	ع	ج	ا	ح	ث	ر	ر	ل	ن	س	ن
ج	ى	ذ	غ	ل	م	ل	م	ل	ه	ج	ر	ة	خ	ة	ش
ه	ذ	م	ي	ح	ح	ي	ح	ا	م	و	ا	ر	و	ط	ج
ب	ا	ح	ث	ي	ذ	د	ن	ة	ئ	ع	ع	ا	ل	و	خ
ش	ا	ر	ص	ت	ح	م	ر	ج	ر	آ	ا	ق	ق	ض	ؤ
ظ	ف	ح	ل	ا	ن	ن	ل	ر	د	ة	ت	د	ع	م	ن
ن	ة	ط	س	ن	م	س	ي	د	ز	غ	ع	ى	ن	ذ	د

ماء
بيئة
خليج
الحيتان
الحفظ
قارة
استكشاف
جغرافية
جليد
الجزر

هجرة
المعادن
سحاب
شبه جزيرة
باحث
صخري
علمي
البعثة
درجة الحرارة
طبوغرافيا

65 - Libri

ى	س	ح	ل	ط	ع	ذ	ط	ف	ف	ص	ا	ض	ز	ئ	ت
ة	ي	ج	ا	و	د	ز	ا	ل	ا	ف	ق	ط	ظ	ب	ا
ئ	ا	و	د	خ	ب	ض	ق	ؤ	ذ	ح	م	ص	ن	ذ	ر
م	ق	ص	ا	ر	م	ؤ	ص	م	ئ	ة	م	م	ة	ا	ي
غ	ا	ح	ئ	ر	ا	ق	ي	أ	د	ب	ي	ل	ع	ت	خ
ا	ل	د	ي	إ	ل	ض	د	ش	ص	ا	ف	ؤ	و	ا	ي
م	ك	ط	م	ط	ل	ا	ة	ر	ع	ع	ح	ز	م	ل	ع
ر	ل	ظ	ي	ط	د	ؤ	ا	ؤ	ن	د	ق	ع	ج	ص	آ
ة	ا	ك	ح	ب	ع	ظ	آ	ذ	ق	ل	ش	ث	م	ل	ز
ل	م	ث	ي	و	ا	س	أ	م	خ	ا	ص	و	ش	ة	و
س	و	ح	إ	ت	و	ض	ن	ك	ي	ح	ل	ن	ز	ث	غ
ل	ت	ط	ل	ك	ث	ة	ظ	ل	ف	و	ذ	غ	م	ر	ة
س	خ	ل	ق	م	ل	ش	ش	و	ث	ر	ئ	ق	ت	ا	ذ
غ	آ	ى	خ	م	ض	ج	إ	ج	إ	ج	ق	م	ف	ط	ر
ف	ى	ص	ع	ن	غ	ج	ت	ظ	ز	ى	ب	ى	آ	ج	آ
ذ	ث	ي	ر	ف	ب	د	ر	و	ا	ي	ة	ح	غ	غ	د

مؤلف
مغامرة
مجموعة
سياق الكلام
الازدواجية
ملحمة
مبدع
أدبي
قارئ
الراوي

صفحة
قصيدة
ذات الصلة
رواية
مكتوب
سلسلة
قصة
تاريخي
مأساوي
روح الدعابة

66 - Geografia

ذ	ق	ل	ز	ت	ع	ل	ب	ج	ق	غ	أ	ط	ط	ج	ج
ء	ا	و	ت	س	ا	ل	ا	ط	خ	ر	ط	ض	د	ئ	ن
ب	ث	ط	ن	ط	ة	ي	ذ	خ	ع	ب	ل	د	س	ت	و
ة	ز	ل	ئ	ت	ي	د	ص	ت	ق	ح	س	ت	ي	ظ	ب
ف	ف	ا	ت	ز	م	ذ	م	ط	ئ	ك	ؤ	ي	ض	ش	ج
ث	ذ	ط	ص	م	ي	ن	ك	ظ	ن	إ	م	ص	ج	م	ص
ج	ف	خ	ر	ي	ط	ة	ز	ة	ن	ي	د	م	ل	ا	ز
ن	إ	ص	آ	ق	ر	ه	ن	م	ة	ر	ي	ز	ج	ل	ر
ق	ا	ر	ة	م	ي	ر	ي	د	ي	ا	ن	ج	ف	ع	ث
س	ط	ر	ج	ي	آ	ش	ئ	غ	ل	ت	ا	ن	آ	غ	ؤ
ش	ئ	ك	آ	ك	م	ؤ	د	ع	ج	ش	ئ	و	ر	ح	ب
غ	ص	ف	ك	ح	ج	ي	ا	ا	ج	ر	ق	ق	ؤ	ن	ح
ك	ل	ي	ي	ع	ب	ل	ج	ف	ض	ر	ع	ل	ا	ط	خ
ص	ج	ط	ف	ظ	م	ث	ث	ت	ذ	ز	ز	آ	ث	ث	غ
ل	ح	ى	ر	ي	ي	ى	ث	ر	ع	ة	آ	غ	ذ	ن	ز
ة	خ	ك	ة	ش	س	ي	ا	ا	ى	و	ل	م	ظ	ن	ح

بحر
ميريديان
العالمية
جبل
شمال
محيط
غرب
بلد
منطقة
جنوب

ارتفاع
أطلس
مدينة
قارة
خط الاستواء
نهر
جزيرة
خط العرض
خط الطول
خريطة

67 - Cibo #1

ط	ص	ا	إ	ا	د	ط	ك	ج	ف	ل	ي	م	و	ن	غ
م	إ	آ	ع	ظ	ر	د	ش	ي	ر	ن	ق	ك	ل	ل	خ
و	ل	ش	و	غ	س	ف	ب	ز	ا	ؤ	ر	ي	ع	ش	ج
ث	ص	ح	ؤ	ث	ل	غ	ب	د	و	ث	ف	ك	ش	ظ	ئ
ب	ب	ي	ل	ح	ط	و	ظ	ذ	ل	ق	ة	ن	و	ت	و
د	ظ	ذ	خ	م	ة	ى	ش	ا	ة	ا	ظ	ا	إ	ف	ر
ق	م	ؤ	ض	ض	ئ	ى	ض	ا	ز	ى	ق	ح	ك	ل	ق
خ	ص	ق	و	ق	ق	و	ن	ي	ق	ث	ط	ي	ع	ئ	ذ
ئ	ب	ج	ع	ص	و	و	آ	ئ	ؤ	خ	ذ	ر	ك	ع	ي
ظ	ح	ة	ؤ	ث	ب	ع	ص	ي	ر	ز	ج	غ	ص	د	س
ل	ئ	ر	ش	ر	ش	ئ	ا	ي	ز	ط	ح	غ	ف	ث	ا
ذ	ح	س	س	غ	ض	ز	ة	ن	ط	ص	ر	ك	س	ل	ا
ن	س	م	د	د	ئ	ظ	ي	ا	ع	خ	م	م	ش	غ	ز
ة	ع	ج	ش	آ	ك	ص	م	ك	ة	ن	س	ث	ع	ش	ل
ا	ن	ب	ي	ظ	و	إ	س	ب	ا	ن	خ	ر	ش	ظ	ع
ف	ص	ح	ظ	ز	س	ش	ؤ	ر	س	ظ	إ	ى	آ	ؤ	ف

نعناع
شعير
كمثرى
لفت
ملح
سبانخ
عصير
تونة
كيك
السكر

ثوم
ريحان
قرفة
لحم
جزر
بصل
فراولة
سلطة
حليب
ليمون

68 - Etica

ش	ؤ	ت	ح	ح	م	ا	س	ت	ل	ا	ف	ت	ح	ف	د
ح	ر	ش	م	ك	غ	س	د	ا	إ	س	ز	ف	ن	ط	ب
إ	آ	ك	م	م	ؤ	ف	ف	ط	ل	ل	ا	ا	ز	ل	ل
ن	ذ	ز	م	ة	م	ح	ت	ر	م	و	ؤ	ؤ	ن	ي	و
س	ن	خ	ر	ض	م	ط	آ	ب	ي	ي	ا	ل	ا	ج	م
ا	ذ	ن	و	ا	ع	ت	ل	ص	ا	ى	ب	ق	م	ج	ا
ن	ى	ط	ا	ل	ث	ك	ر	ا	م	ة	ل	د	ع	و	س
ي	ى	ث	ن	ن	ث	ي	م	ع	ق	و	ل	ص	ط	ي	ي
ة	ى	ب	ش	ز	ت	ب	إ	ن	ن	و	ح	ل	ة	غ	ة
ق	ف	ؤ	ظ	ا	ظ	ا	ل	ق	ي	م	ث	ا	ص	د	م
ز	ئ	ة	ك	ه	ع	ز	غ	آ	ظ	ر	خ	ن	م	ز	ض
م	ة	ن	ف	ة	ع	ي	ل	ش	ح	ز	ة	ن	ع	ث	ز
ق	ئ	خ	ط	س	ق	ك	ة	ض	م	ش	س	ظ	إ	ش	ت
ز	ا	ل	ع	ق	ل	ا	ن	ي	ة	خ	ب	د	ت	ص	ب
ف	ض	ز	م	خ	ي	ف	إ	ا	ل	ف	ر	د	ي	ة	س
إ	ك	غ	ض	ج	د	ة	ن	ب	غ	و	ن	ى	ع	ك	غ

تفاؤل
صبر
معقول
العقلانية
الواقعية
محترم
حكمة
التسامح
إنسانية
القيم

إيثار
عطف
تعاون
كرامة
دبلوماسي
فلسفة
اللطف
الفردية
النزاهة
الصدق

69 - Aeroplani

د	ر	ك	إ	ع	ى	ب	ئ	إ	ل	ن	ب	و	ع	و	ط
ا	ز	ص	ر	ظ	ح	غ	ب	س	ل	ص	ا	ه	و	ا	ء
م	إ	ث	س	ص	ظ	ز	س	ع	ه	ض	ر	ع	ق	غ	ا
ي	د	د	م	ن	م	س	ط	ز	ا	ل	ط	م	ؤ	ل	م
ن	ل	ز	ق	ر	ء	ا	ن	ب	ج	و	ض	س	ت	ا	س
ح	م	ر	د	د	آ	ل	ق	ن	ت	ل	ا	ا	س	ق	ر
ص	ز	ج	ز	د	ج	ع	م	غ	ا	م	ر	ة	ص	ت	ا
ا	ل	غ	ل	ا	ف	ا	ل	ج	و	ي	ش	ق	خ	ق	م
خ	س	ض	ض	ش	ذ	ف	م	ر	خ	م	ب	ر	ا	ي	ط
ح	ت	و	ن	ط	ة	ت	ح	ؤ	ح	ف	ؤ	ع	ؤ	ي	و
إ	ر	آ	ض	إ	ن	ر	ر	آ	ط	آ	م	ة	د	ش	ب
ط	ئ	ب	ك	ا	ر	ا	ك	م	ي	م	ص	ت	ل	ا	ه
ر	ل	ه	ي	د	ر	و	ج	ي	ن	ج	ن	و	ل	ا	ب
ظ	ذ	ت	ف	ة	ق	و	ظ	ق	د	إ	إ	ز	آ	ب	د
ة	ر	ص	ب	و	آ	ز	خ	ك	ئ	ظ	ث	ت	ظ	خ	م
ر	ل	ي	د	ك	ذ	غ	ع	ؤ	ق	ك	خ	و	ذ	ظ	ج

ارتفاع
هواء
الغلاف الجوي
هبوط
مغامرة
وقود
سماء
بناء
التصميم
اتجاه

اصل
طاقم
هيدروجين
محرك
التنقل
بالون
راكب
طيار
التاريخ
اضطراب

70 - Governo

د	ي	م	ق	ر	ا	ط	ي	ة	ي	ر	ح	ح	ا	ل	ة
ز	م	ر	ج	و	و	ك	م	س	ق	ث	ن	و	س	ل	ص
ع	ص	ؤ	ي	ت	ط	ت	ب	ا	ى	ط	ص	ن	ة	ظ	ل
ي	و	ل	ع	س	ن	ا	غ	ي	ش	ح	ن	و	ن	ا	ق
م	ض	ى	ح	د	ي	ل	ث	س	ف	ت	و	م	ط	ة	ر
ن	ق	ا	ش	ا	م	م	ة	ا	خ	إ	ل	ئ	ا	ق	ط
ك	ا	ن	ش	و	د	س	ظ	ع	د	ل	ظ	ك	و	س	ت
ض	خ	س	ت	غ	ن	ا	خ	س	خ	ل	خ	ع	م	ذ	ك
ع	ر	ر	ث	آ	ي	و	ى	إ	ظ	د	ت	ى	ل	ل	ث
ح	د	أ	ص	ز	ث	ا	ؤ	ئ	ا	ن	ص	ب	ا	ض	إ
خ	ذ	ا	م	ظ	غ	ة	ؤ	و	ب	إ	آ	م	ظ	ص	ز
ط	ط	ك	ل	ة	ي	ق	ة	ر	إ	ة	ة	غ	ج	ي	خ
ا	ف	ح	ج	ة	م	ض	ل	س	ص	س	إ	ب	ب	د	خ
ب	ت	ل	ل	آ	ك	ا	ا	س	ت	ق	ل	ا	ل	ظ	ا
ض	ع	م	إ	ا	ي	ئ	ص	ث	ص	م	ز	ا	ج	س	س
ل	ظ	غ	ة	ئ	د	ي	آ	ح	س	إ	ج	د	م	ب	ل

زعيم	قانون
المواطنة	حرية
مدني	نصب
دستور	وطني
ديمقراطية	أمة
خطاب	سياسة
نقاش	منطقة
قضائي	رمز
عدالة	حالة
استقلال	المساواة

71 - Colori

ئ	ط	ف	ر	ط	ن	و	ض	ب	ذ	إ	ل	أ	ص	ف	ر
ط	ب	ر	إ	ذ	ت	ط	م	ن	ز	ق	ش	ج	ح	ض	غ
ز	ي	ن	ذ	ث	و	ر	ش	ف	ا	ى	ر	ر	ث	ى	ئ
ل	ؤ	آ	ل	ج	آ	ر	ت	س	ض	ق	ض	و	ظ	ز	ر
ق	ر	م	ز	ي	ل	ي	ن	ج	ز	ت	خ	ع	ز	ض	م
غ	ق	آ	ك	ب	ق	ذ	ص	ض	ب	أ	أ	ى	ط	أ	ا
غ	ج	ع	ف	آ	ق	ف	ط	س	إ	ن	ح	ب	ط	س	د
ر	ق	س	ع	ق	ؤ	ط	س	ع	س	ك	ي	م	ث	و	ي
ي	ق	ع	ص	ل	ب	ى	ظ	إ	آ	ا	ل	م	ر	د	ن
ف	ا	ز	ر	ق	س	م	ا	و	ي	د	ا	و	ع	ع	ا
ص	ي	أ	ز	ر	ق	و	د	آ	ت	ي	ق	و	ة	ز	و
ع	ش	ن	ك	ش	ث	ر	ر	و	ذ	ن	ت	د	ك	خ	ج
أ	و	ظ	ر	ظ	ق	د	ى	ى	ك	ب	ر	س	ش	غ	ر
ب	ف	خ	خ	ت	ث	ي	ى	ث	ح	ة	ب	ع	ص	ض	أ
ي	ي	إ	ث	ع	ظ	ف	ئ	ب	ز	ت	د	غ	ت	ذ	ي
ض	غ	ش	س	ى	ب	ت	ب	ع	ق	ض	ق	ي	ض	ك	ف

برتقالي
أزور
بيج
أبيض
أزرق
ازرق سماوي
قرمزي
فوشيا
أصفر
رمادي
نيلي
بني
أسود
وردي
أحمر
بني داكن
أخضر
أرجواني
بنفسج

72 - Bellezza

ى	ى	ي	ة	ك	ت	د	ر	ص	ش	و	ذ	ح	ط	ر	ا
ي	ف	ؤ	ى	ن	و	ل	ل	ا	إ	خ	ر	ق	ص	ج	غ
ظ	ة	ع	ا	ا	ق	ج	م	ر	س	ؤ	ذ	ا	ع	ص	غ
ش	ق	م	غ	ع	ب	ؤ	ض	ا	ظ	د	ض	ل	ئ	ث	ط
و	ا	ظ	ط	م	خ	د	ج	ك	غ	ؤ	ا	ح	آ	ح	ع
ف	ن	م	ك	ج	ى	ا	آ	س	م	ع	ث	ن	ق	ذ	ة
غ	أ	غ	ب	ر	ض	ك	ج	ا	ى	ت	ش	ج	ي	أ	ع
ض	ع	م	خ	و	و	آ	ز	م	ئ	ؤ	ت	آ	ق	ح	د
د	ت	إ	د	ط	ت	ض	ؤ	ن	ع	م	ة	آ	ر	م	ذ
آ	م	ف	م	ع	ى	ا	ض	ي	ق	ل	آ	ى	غ	ر	و
ش	ز	ى	ا	ت	ج	ع	ي	د	ا	ل	ش	ع	ر	ا	ق
آ	س	ح	ت	م	ن	ت	ج	ا	ت	ط	ج	د	ذ	ل	ج
ش	ف	ص	و	ي	ع	إ	ر	ض	ي	ح	س	ا	د	ش	ف
ظ	س	ق	ي	ن	أ	ح	ص	ك	إ	ؤ	ؤ	ح	ص	ف	ل
ق	م	م	ز	خ	ك	خ	ح	د	و	م	ذ	س	ر	ا	ف
ش	ب	ن	ض	ر	ع	ت	س	ل	آ	ذ	غ	ك	د	ه	ت

اللون
أنيق
أناقة
سحر
مقص
رقيق
عطور
نعمة
ناعم
ماسكارا

زيوت
جلد
منتجات
رائحة
تجعيد الشعر
أحمر الشفاه
خدمات
شامبو
مرآة
حلاق

73 - Avventura

ض	ق	ق	ظ	ع	ف	ز	غ	إ	ص	ا	س	ن	غ	م	ع
و	و	ا	ظ	ت	ل	ج	ت	ص	ع	و	ب	ة	ؤ	ع	ئ
ز	ج	ص	ج	م	ا	ل	ش	ت	آ	ظ	آ	ئ	ا	س	ر
ك	ه	ح	ع	ج	ا	إ	ى	ف	ض	إ	ت	ث	ل	ل	ص
ك	ة	ا	م	س	ا	ر	ا	ل	ر	ح	ل	ة	م	ز	ر
خ	ب	ب	خ	ت	ش	ش	ج	ب	ف	أ	ض	خ	ل	ف	م
ط	ط	ئ	ن	س	ح	ن	و	خ	س	م	و	ض	ا	ب	آ
ت	ا	ي	د	ح	ت	ل	ا	ت	ل	ن	ن	ث	ح	ي	و
ئ	ة	ص	ر	ف	ق	م	ؤ	ك	ا	ظ	ع	ف	ة	ذ	ة
د	ع	ل	س	ا	م	ح	ر	ي	ض	ح	ت	ؤ	آ	ض	ظ
ة	ي	ئ	ي	ر	ت	إ	و	ح	ا	د	ل	ؤ	ح	ب	ك
ن	ب	م	ى	ح	ن	م	ك	آ	ط	ل	ذ	د	ج	م	ي
ئ	ط	ا	ش	ن	ج	ج	ع	ل	ر	ج	ج	ى	غ	ل	ق
ؤ	ج	ف	ى	ا	غ	ي	ر	ع	ا	د	ي	د	ز	ط	ن
ي	ف	ن	ز	ع	و	ص	ط	ف	ن	ئ	ت	خ	ي	ش	ى
آ	خ	إ	ئ	ذ	د	ش	ج	ا	ع	ة	آ	ظ	ع	د	ح

اصحاب
نشاط
جمال
فرصة
شجاعة
وجهة
صعوبة
حماس
انحراف
مرح

غير عادي
مسار الرحلة
طبيعة
الملاحة
الجديد
خطير
تحضير
التحديات
أمن
السفر

74 - Oceano

م	ة	ة	ة	خ	ص	ط	ة	ا	ج	م	خ	ة	ش	ش	ق
ل	ن	ي	ف	ل	و	د	ص	إ	ب	ا	غ	ر	ف	ئ	ر
ح	ا	ل	م	د	و	ا	ل	ج	ز	ر	ب	ط	و	خ	ش
ط	ط	ث	ى	أ	م	و	ا	ج	ن	ف	س	إ	ك	ئ	ظ
ع	ر	ج	ط	ض	ح	س	ئ	ل	ك	ف	ض	ن	د	ي	و
ط	س	ظ	ك	ة	ة	ن	ي	ر	ف	م	ظ	ن	س	س	ز
ى	ذ	ا	خ	ا	ل	م	ر	ج	ا	ن	ح	و	ت	د	ف
م	ش	ل	إ	ف	ط	و	ب	ط	خ	أ	ا	ب	ب	ط	ل
ع	ح	ر	ض	ح	ى	ض	م	ب	و	د	ك	ب	ن	آ	د
س	ا	ا	إ	ل	ئ	ك	ج	ز	س	م	ض	ل	ع	ث	ى
م	س	ص	ر	س	ل	ئ	ي	غ	ع	خ	ت	ا	ل	ث	ق
ك	خ	ف	ف	ق	ن	د	ي	ل	ا	ل	ب	ح	ر	إ	ا
ك	غ	ى	ص	ة	ن	و	ت	م	ن	ص	ض	ط	ن	ئ	ر
ى	ث	ب	ز	ئ	ئ	ؤ	ث	ج	ج	ذ	ط	ل	ث	ا	ب
ط	ؤ	ي	ن	د	ح	ي	ث	غ	ع	ر	ش	ا	ع	ث	ز
ي	ص	ى	آ	ئ	ل	إ	ة	ص	ث	ص	ل	س	د	ع	خ

أمواج
محار
سمك
أخطبوط
ملح
إسفنج
قرش
سلحفاة
عاصفة
تونة

الطحالب
ثعبان
حوت
قارب
المرجان
دولفين
جمبري
سرطان
المد والجزر
قنديل البحر

75 - Famiglia

ى	و	و	ظ	ح	ئ	ك	ن	ج	ض	ا	ا	ل	ع	م	ص
ظ	ع	ؤ	ق	ط	ى	ز	ة	د	ض	ل	ف	ط	ع	ش	ل
ف	إ	ل	ق	س	ظ	ذ	ش	ة	م	أ	ذ	ل	ط	ك	ب
ا	ل	أ	ط	ف	ا	ل	و	م	ى	ب	إ	ق	ر	ز	خ
ش	س	ل	ف	ج	ص	و	ج	ت	خ	أ	ن	ص	ة	إ	ش
ش	ق	ج	د	ع	و	ح	ا	ئ	ع	إ	م	ة	ل	م	ث
ا	و	ي	ع	د	ف	ؤ	ب	د	ذ	ف	ج	د	و	خ	ؤ
ت	ب	ب	ق	د	غ	ج	ن	د	د	ض	ى	ئ	ف	ب	ة
ى	إ	ن	ل	س	ق	ى	ة	خ	ذ	ن	ح	ش	ط	ض	خ
ص	م	ى	أ	ا	ب	ن	ع	م	خ	ج	و	ز	ل	ا	ذ
ز	و	ج	ة	خ	ل	ز	ع	م	ة	د	ف	ئ	ا	ك	ئ
ز	ظ	ي	ئ	ت	ر	ث	ظ	ى	ض	ي	ف	ض	ة	ت	ز
ض	ج	ف	ق	ذ	ذ	ك	ا	ب	س	ف	ف	ز	ل	س	غ
ي	ص	ل	ل	م	ق	ع	م	ل	س	ح	ؤ	ق	ح	ة	و
س	خ	ظ	ل	ت	ح	ث	ظ	ظ	أ	ب	ى	ظ	ر	ى	ئ
ي	و	ق	إ	س	و	غ	و	د	و	م	ك	ا	م	ص	ب

سلف
الأطفال
طفل
ابن عم
ابنة
شقيق
مرحلة الطفولة
أم
الزوج
الأم

زوجة
ابن أخ
حفيد
جدة
جد
أب
الأب
أخت
عمة
العم

76 - Creatività

ل	ث	خ	د	ص	ا	ب	ع	ج	ث	د	و	ك	خ	ة	أ
آ	ذ	ي	ب	ع	ل	غ	ئ	ز	ر	د	ض	ت	ن	ص	ف
ط	ش	ا	إ	ط	ح	م	ز	ا	ق	ط	و	ؤ	ا	إ	ة
ز	و	ل	ك	ى	د	خ	م	ة	ا	ب	ح	ل	ل	ذ	ة
ع	ل	ث	ز	ش	س	ا	ظ	ف	ل	ؤ	ة	ش	ف	ظ	إ
ز	ظ	ر	م	ل	ت	خ	ب	ن	ت	ش	ر	ب	ك	غ	ف
غ	إ	ط	ش	ي	ع	س	ت	ي	ع	غ	و	خ	ر	ر	خ
ي	ح	ر	ك	ى	ؤ	ر	ل	ا	ب	ب	ص	ا	ك	ن	ج
ي	س	ي	ث	ع	ع	ى	ذ	ا	ي	ح	ك	ئ	ط	ا	ض
ص	ا	و	ع	ا	ب	ط	ن	ا	ر	ط	و	ن	ل	ظ	ص
ئ	س	ل	ح	ي	و	ي	ة	ل	و	ي	س	أ	ط	ر	ج
ع	ك	ش	ك	ع	ا	ل	ع	و	ا	ط	ف	ؤ	ى	ي	س
س	ن	د	م	ا	ه	ل	إ	ل	ا	ك	آ	ع	د	ب	م
ج	ؤ	ة	غ	ث	ج	آ	ع	غ	ا	ق	ف	ش	و	س	ؤ
ش	ق	آ	ا	خ	ن	ى	ؤ	ر	ئ	ث	و	خ	ق	ق	ر
ة	ر	ا	ه	م	م	ر	ق	ة	ي	و	ف	ع	ز	ز	ن

مهارة
فني
أصالة
وضوح
دراماتيكي
العواطف
التعبير
سيولة
الأفكار
خيال

صورة
انطباع
شدة
الحدس
مبدع
الإلهام
إحساس
عفوية
الرؤى
حيوية

77 - Veicoli

و	ب	م	ظ	ط	ئ	ؤ	ع	ظ	ف	ش	ي	ف	ئ	ش	ت
ق	ا	ف	ل	ة	ج	ا	ر	د	ز	ذ	ى	ج	ى	خ	ش
ز	ح	ا	ذ	ص	ع	ع	ا	ع	غ	ظ	ئ	د	ئ	غ	ك
ك	د	ع	آ	ن	ب	ة	ط	س	ض	ت	ص	ن	ذ	ب	ن
خ	ي	س	ك	ا	ت	ب	ق	و	ف	س	ع	ى	ع	ح	ل
ز	خ	إ	ى	ح	ا	ش	ا	ح	ن	ة	ة	ت	غ	ص	ث
ن	و	ة	ح	ب	ر	ت	ب	و	ك	ي	ل	ه	و	ج	ل
ن	ر	ر	ر	ج	ا	ر	ط	ك	ك	ر	ي	ح	ا	ق	ؤ
آ	ا	ا	ت	ع	ط	ك	ف	ا	ط	خ	ز	ت	ص	ع	ى
ت	ص	ي	و	م	إ	و	ئ	م	ئ	ة	ز	ظ	ة	ج	غ
ة	ن	س	ك	ق	ل	ى	ف	ث	ح	ر	ب	ب	ر	ا	ق
آ	إ	آ	س	ن	ا	ب	ح	ى	ج	ر	ة	ظ	ا	د	ش
ؤ	ا	ض	ي	ح	ا	ف	ل	ة	ر	ح	ك	و	ب	ذ	م
ش	ئ	خ	ا	ر	آ	و	ذ	ز	ا	و	و	ك	ع	ئ	ق
ر	آ	ز	ر	غ	ج	ط	خ	ز	ر	ف	ت	آ	ل	ة	ت
ئ	ف	ع	ة	ص	ؤ	ض	ح	آ	م	ي	إ	ك	ا	غ	م

طائرة
سيارة إسعاف
سيارة
حافلة
قارب
دراجة
شاحنة
قافلة
هليكوبتر
مترو

محرك
الإطارات
صاروخ
سكوتر
غواصة
تاكسي
العبارة
جرار
قطار
طوف

78 - Natura

ا	ذ	ش	ص	إ	م	س	ط	ص	إ	ع	ز	س	ش	م	أ
ل	ث	غ	ؤ	أ	د	ر	غ	ؤ	ى	ج	ج	س	س	و	إ
ح	ض	ص	و	ن	آ	ض	ي	ص	ي	إ	ن	ه	ر	ط	ب
ي	ص	ى	ا	ل	ق	ط	ب	ا	ل	ش	م	ا	ل	ي	م
و	ح	م	خ	ا	ن	ح	ه	س	ح	ش	ق	آ	ك	و	ل
ا	ر	ذ	ت	ب	ث	ق	ا	ض	ن	ا	ك	ب	آ	ف	ا
ن	ا	ئ	ب	ج	غ	ب	د	ث	ل	ئ	ر	ذ	ت	ش	ذ
ا	ء	س	ل	ل	خ	ح	ئ	ش	ا	ي	ل	ب	ا	ح	س
ت	ا	ظ	ؤ	ا	خ	ز	ج	ض	ي	ئ	ا	و	ت	س	ا
ل	آ	ي	و	ي	ح	ر	ئ	ب	ا	ة	ة	ج	ل	ث	م
ط	خ	و	ش	ا	غ	ئ	ف	ا	ر	ب	ب	ل	ا	ح	ل
ت	ى	غ	غ	خ	ت	ج	م	ب	ش	خ	ا	ض	م	خ	ي
د	م	ط	ف	د	ص	د	ا	ش	ا	م	غ	ح	ج	آ	ئ
ت	خ	م	س	ن	د	م	ئ	ة	ا	ط	ث	ز	ط	غ	ب
ا	ع	غ	ذ	ة	ا	ة	ى	ض	ح	ذ	ع	م	ة	و	غ
م	ط	ا	ض	ث	ص	ك	ر	ح	ت	م	ا	د	ت	ذ	ث

مثلجة
الجبال
ضباب
سحاب
مأوى
ملاذ
بري
هادئ
استوائي
حيوي

الحيوانات
النحل
القطب الشمالي
جمال
صحراء
متحرك
تآكل
نهر
أوراق الشجر
غابة

79 - Balletto

د	م	إ	س	ن	ن	ع	ش	د	ة	ر	ي	ة	ظ	ق	ا
إ	ش	ئ	ب	غ	ة	ع	و	ق	ي	ف	ص	ت	ة	ل	ة
ى	ب	ؤ	إ	ح	ي	ا	ر	ف	ن	ر	خ	ت	ر	ئ	ا
ط	ط	ف	ز	ر	ل	ق	ة	م	ق	ؤ	ة	ا	ب	ا	س
ر	و	ن	ذ	م	ل	ح	ن	ؤ	ت	ك	ق	ل	ع	م	ل
ص	ن	خ	ؤ	آ	خ	ف	ئ	ا	م	ص	ص	ض	م	ك	آ
ش	ص	ؤ	ك	ج	ر	ح	آ	ض	ا	ن	د	ع	خ	و	ض
ن	م	ت	ظ	د	ع	ل	ف	ت	ة	ق	ك	ا	خ	آ	ف
ش	غ	ز	ا	غ	ف	ا	ب	ر	م	ض	ئ	ق	ر	ة	آ
ا	ي	ف	ا	ر	غ	ي	ر	و	ك	ل	ا	ي	ة	د	ش
ص	ن	ؤ	ؤ	ي	ن	ئ	م	ق	و	ل	ا	إ	إ	ؤ	ا
ط	ة	ض	ي	و	ة	و	ة	ف	و	ر	ب	ل	ط	ة	ق
ا	ل	د	ر	و	س	ن	ر	ا	ر	ت	س	ك	ر	و	أ
ة	ة	د	ط	ي	ف	م	ا	ش	ح	خ	ئ	آ	ح	ط	ا
ي	إ	ي	ق	ن	ا	ط	ه	آ	خ	ة	م	ب	ع	ؤ	ث
ض	ش	ى	ة	ف	ر	خ	م	ص	ر	و	ه	م	ج	ل	ا

الدروس
عضلات
موسيقى
أوركسترا
بروفة
الجمهور
إيقاع
نمط
تقنية

مهارة
تصفيق
فني
منفردا
الراقصات
ملحن
الكوريغرافيا
معبرة
لفتة
شدة

80 - Paesi #1

ى	ا	ز	ا	ا	ف	ي	ت	ن	ا	م	ج	ة	ض	ئ	ض
ئ	ل	ا	ل	م	غ	ر	ب	ل	ج	ص	ص	ي	ل	ا	م
ع	ب	د	ا	م	ح	ن	ع	ا	ق	ر	ن	ى	ذ	ج	أ
ى	ر	ر	غ	غ	م	ر	ا	ا	ي	ن	ا	ب	س	إ	ل
س	ا	و	ن	ا	ا	غ	ث	ا	ي	د	و	ب	م	ك	م
ن	ز	م	س	ق	إ	س	ر	ا	ئ	ي	ل	ي	ب	ي	ا
ي	ي	ا	ل	ث	ى	ب	م	ا	د	ن	ل	و	ب	م	ن
ل	ل	ن	ا	ز	ئ	آ	د	ن	د	ر	ا	د	ن	ك	ي
ق	خ	ي	ل	ط	ح	ؤ	ه	ض	ئ	ح	ز	ح	د	خ	ا
ي	و	ا	ل	ف	ن	ل	ن	د	ا	ل	ي	و	ز	ن	ف
ط	ي	ئ	ز	ع	ا	ق	ظ	ج	ي	و	ر	ن	ل	ا	و
إ	د	ج	ل	ب	ر	ت	آ	ب	ت	آ	ع	ة	ب	ض	ئ
ص	ا	ج	ح	ا	ث	ز	ج	ض	ص	ث	ز	ت	ظ	م	ة
إ	ض	ا	آ	ف	ي	ئ	ى	ر	م	ز	ت	د	س	م	ز
ز	ز	ش	ت	ف	ظ	ج	ص	إ	ض	ا	ث	ش	إ	د	ق
و	إ	ت	ة	س	خ	س	ى	ر	ؤ	ن	ي	ا	ل	آ	ش

البرازيل
كمبوديا
كندا
مصر
فنلندا
ألمانيا
الهند
العراق
إسرائيل
ليبيا

مالي
المغرب
النرويج
بنما
بولندا
رومانيا
السنغال
إسبانيا
فنزويلا
فيتنام

81 - Geometria

ا	ط	ذ	ص	ذ	ث	ط	ن	م	ع	ك	ع	ك	ف	ا	ة
ي	ط	إ	د	آ	ظ	ئ	ئ	ث	م	م	ن	ث	ؤ	ت	ؤ
ف	ض	م	ة	ن	ق	و	إ	ل	و	ة	ذ	ث	ا	ج	د
ؤ	ع	ذ	ط	ل	ط	ز	س	ث	د	خ	ق	ز	و	ظ	ا
م	ل	ل	ض	ذ	ب	ى	غ	ف	ي	ج	و	ح	ظ	ز	ئ
ن	غ	ى	ف	س	خ	و	ن	س	ب	ة	ح	س	ا	ب	ر
ح	ظ	ي	آ	أ	ي	د	إ	ك	ج	ظ	ف	ط	ط	د	ة
ن	ى	آ	م	ف	ت	ا	ل	ش	ض	خ	ض	ر	س	ص	ا
ى	إ	ق	ي	ق	ط	ن	م	ش	ص	ز	ز	م	غ	م	ة
ذ	ج	ر	د	ي	ر	ط	ق	ت	ن	ا	ظ	ر	ت	ق	ث
ا	ز	ؤ	ع	ا	ف	ت	ر	ا	ن	و	ب	ي	ر	إ	ت
ب	و	م	ب	ق	ل	و	ن	ذ	س	م	ئ	ض	ز	ش	ج
س	ف	ة	ل	ط	ش	و	ز	ا	و	ي	ة	ص	م	ح	ي
ة	ل	د	ا	ع	م	ص	س	غ	خ	ة	ن	ط	ة	ع	ق
د	ئ	ش	ز	ة	إ	ث	ة	ي	ى	ن	م	ث	ز	آ	س
ض	ر	ط	ع	ى	خ	آ	خ	آ	ط	ن	ظ	ر	ي	ة	ن

ارتفاع
زاوية
حساب
دائرة
منحنى
قطر
البعد
معادلة
منطق
الوسيط

رقم
أفقي
مواز
نسبة
قطعة
تناظر
سطح
نظرية
مثلث
عمودي

82 - Foresta Pluviale

ث	ض	ئ	ص	ا	ل	ث	د	ي	ي	ا	ت	م	م	ع	ا
ا	د	د	ئ	ج	ض	ئ	ح	ظ	ص	ن	ز	ط	ن	ن	ل
ظ	ة	ظ	س	ح	ق	د	ك	خ	و	و	ذ	ش	ح	م	ب
ؤ	ض	خ	ى	ز	ط	ب	ي	ع	ة	ؤ	ا	ن	د	ق	ر
ي	ض	ل	م	ج	م	ي	ظ	ظ	ع	ك	ث	ل	ؤ	ط	م
ح	د	ز	ع	ئ	ل	ذ	ة	ف	ك	ل	غ	ا	م	و	ا
ا	ل	غ	ا	ب	ة	ب	ل	ح	ط	ي	ت	ا	ب	ن	ئ
ض	ا	ض	ا	غ	ز	س	ا	ا	ي	غ	ر	غ	ج	ر	ي
ى	ل	ح	ل	ف	ك	ع	ر	خ	ل	ت	ص	ض	آ	غ	ا
خ	أ	س	ط	ث	ك	ع	ش	ا	ح	ذ	ك	د	إ	ط	ت
ث	ن	م	ي	ى	إ	ن	ر	ا	ز	و	ت	س	ك	م	ث
ظ	و	أ	و	ر	ج	ص	ح	ذ	ع	ق	خ	ا	ن	م	ة
ق	ا	ص	ر	ا	ك	ة	ز	أ	ع	ي	غ	ح	ا	ؤ	إ
م	ع	ل	ة	و	ؤ	م	ن	ج	ؤ	م	ي	ن	ل	ت	م
ر	خ	ي	ت	ا	ر	ش	ح	ل	ا	ة	ف	ب	ا	ح	س
ة	ئ	ذ	إ	ل	ف	ذ	ر	م	ة	د	ا	ع	ت	س	ا

طبيعة
سحاب
حفظ
ذو قيمة
استعادة
ملجأ
احترام
نجاة
الأنواع
الطيور

البرمائيات
نباتي
مناخ
ملة
تنوع
الغابة
أصلي
الحشرات
الثدييات
طحلب

83 - Edifici

م	س	ر	ح	ن	ط	ؤ	ن	ض	آ	آ	ر	آ	ج	ق	ر
ى	ط	إ	ا	ر	ط	ح	ى	ق	ث	آ	ن	إ	ذ	ل	آ
ذ	ؤ	إ	ئ	و	ا	ص	ج	ك	ج	ض	ر	ص	ل	ع	آ
آ	ش	ح	ا	ح	م	د	ر	س	ة	ر	ي	ظ	ح	ة	ي
ق	س	ن	د	ك	ؤ	م	ب	ر	م	ج	ب	ا	ا	ظ	م
إ	خ	خ	د	م	ش	ل	ك	ع	ي	ي	ى	ت	ي	ى	س
غ	ش	ن	د	م	ذ	ب	إ	ب	خ	ع	ف	ك	خ	ز	ي
ذ	ص	ي	ث	ث	ل	ا	ث	و	ؤ	س	ش	ق	ة	م	ن
ي	ر	ؤ	ؤ	ب	ة	ع	م	ا	ج	ط	ت	د	ر	ش	م
م	ن	و	ض	ل	ر	ؤ	ب	س	ث	ذ	س	ن	ا	م	ا
إ	ر	إ	د	ت	و	ل	و	ق	ظ	ر	م	ف	ف	ن	ش
م	د	ص	د	ئ	ص	ع	ق	د	س	و	م	ح	س	و	ي
س	ظ	ع	د	إ	ق	غ	آ	آ	آ	ح	ش	ت	ل	ة	ت
ظ	خ	و	ي	ك	م	ى	م	ص	ن	ع	ظ	م	ا	ق	ب
ا	ؤ	ع	ي	ط	ل	ز	ن	ئ	ق	ش	ح	ط	ن	ز	ئ
س	و	ب	ر	م	ا	ر	ك	ت	ى	م	ذ	ئ	ئ	آ	ق

السفارة
شقة
المقصورة
قلعة
سينما
مصنع
حظيرة
فندق
مختبر
متحف

مستشفى
مرصد
نزل
مدرسة
ملعب
سوبر ماركت
مسرح
خيمة
برج
جامعة

84 - Malattia

ا	ش	ش	د	ي	د	ن	ة	ع	ؤ	ل	ؤ	ك	ب	ؤ	ظ
ل	ج	س	و	د	ق	ي	ب	ل	ق	ظ	آ	ن	ؤ	ش	ق
و	ا	د	ن	ع	ؤ	ج	ظ	ا	د	ط	ن	ى	ل	ط	ي
ر	ل	ل	و	م	ب	ر	خ	ن	ل	ة	ن	ف	ز	ص	غ
ا	ع	د	ح	ت	ح	ئ	ش	ا	إ	ي	ر	ي	ت	ك	ب
ث	ث	ن	ث	س	ى	و	ش	ص	ز	ف	ب	م	ز	م	ن
ي	س	ف	ن	ت	ا	ي	ة	م	ز	ا	ل	ت	م	ن	ؤ
ة	ح	ص	ل	ا	ض	س	إ	ز	ل	ع	ك	ب	س	ؤ	ف
ا	ل	ت	ه	ا	ب	ا	ي	ى	ؤ	ل	ج	ث	ة	ن	ظ
و	ج	ع	ب	ف	ج	ى	ل	ة	ن	ا	ص	ح	ل	ا	ظ
و	ر	ا	ث	ي	د	و	ؤ	ب	ت	و	ن	خ	ل	ش	ذ
ق	ى	خ	ي	ع	د	ح	ن	ت	ط	خ	ض	و	ع	ذ	ا
ط	ؤ	ت	خ	ض	ز	س	ث	ك	ة	ن	ت	ح	م	ط	ت
و	ك	ص	خ	ئ	ك	ب	ؤ	ث	غ	خ	ر	ك	د	ع	ط
ز	إ	ض	ئ	ن	ث	ظ	ى	ش	ع	إ	ض	ر	ش	ض	م
م	ظ	س	ة	ص	د	ؤ	م	د	ف	ى	ص	ن	ظ	آ	ر

شديد
البطن
الحساسية
بكتيري
العافية
معدي
جثة
مزمن
قلب
ضعيف

وراثي
الوراثية
الحصانة
التهاب
قطني
رئوي
تنفسي
الصحة
متلازمة
علاج

85 - Paesi #2

ا ل ذ ز آ آ ز ض ل ض خ ؤ أ ظ ه ذ
ل ب إ ت غ ا ب ي أ ز ئ آ و د ا ك
م ع أ ث ي و ب ي ا ج ل غ ك ط ي ض
ك ن ن ذ ر ي ر إ ج ث ف ق ر آ ت أ
س س ة ظ ر ل ن ي ج ي ر ي ا و ي و
ي ش ن ي ن خ ا ل ي ا ب ا ن ئ ث غ
ك ن ا د ش د ت غ ج ا م ا ي ك ا ن
ئ ي ا ل ا و س ا ل د ن م ا ر ك د
ك ب ي ع خ ش ك إ ا و ل ث إ ع ذ ا
ى ا س و ر ي ا ع ي ع ث د د ض ى ق
ز ل ي غ إ ط ب ل ن ئ ص س ذ ص ب ز
ا ا ن ذ ز س ا غ ا ي س و ر ظ ط ن
س م و ح ا ث آ ض ب ن ا د و س ل ا
ب ق د ص ؤ ل ت ؤ ل س ت س خ غ ف ى
ط س ن د ا م آ خ أ ط ل ك ف د ت ؤ
ك ط إ ة ظ ذ ك ز ث ئ إ ف ص ر ئ ل

ألبانيا
الدنمارك
أثيوبيا
جامايكا
اليابان
اليونان
هايتي
إندونيسيا
أيرلندا
لاوس

ليبيريا
المكسيك
نيبال
نيجيريا
باكستان
روسيا
سوريا
السودان
أوكرانيا
أوغندا

86 - Tipi di Capelli

ص	ئ	د	ض	ر	آ	آ	ى	س	ا	ز	خ	ل	ر	أ	أ
ز	ا	ح	ظ	م	س	ج	آ	ة	ل	ؤ	ض	د	ع	س	ش
ص	ت	ا	م	ا	ث	غ	ن	خ	ض	إ	س	ر	ش	و	ق
ب	ص	ط	ع	د	أ	ل	ز	ر	ف	ة	ذ	ة	ل	د	ر
ز	ج	ة	و	ي	و	ب	ك	ر	ا	ة	ص	ر	ا	ا	ق
ك	غ	ط	خ	ي	ع	خ	ي	ف	ئ	ى	ف	ح	د	ح	ؤ
ة	ض	ف	ئ	ن	ل	ط	م	ض	ر	ف	د	ط	ي	م	ث
ر	ق	ي	ق	ب	ص	ظ	س	م	س	ظ	ح	ي	ع	م	د
ي	ع	ى	ن	م	أ	ي	ج	ع	ك	ق	ة	د	ج	ج	ة
ص	ب	و	ز	ر	م	ق	د	ا	ز	ى	ص	و	ت	ع	س
ق	س	خ	خ	س	ذ	ذ	ط	ن	م	د	ج	م	ش	د	ت
ت	ت	آ	ؤ	ب	ؤ	ق	ط	و	ل	غ	ض	ص	ى	ص	و
ا	ص	ط	م	ش	ظ	د	س	ج	و	م	ت	م	ا	ن	م
ئ	ة	س	ى	ظ	ج	ر	ب	ط	ن	ز	ا	د	غ	و	خ
ش	ع	ض	ث	ف	ا	ج	ك	ح	ط	ش	ش	ة	ن	ن	م
و	و	ظ	ذ	ر	ف	ش	ؤ	ة	و	ذ	س	ث	ض	خ	ب

فضة
جاف
أبيض
أشقر
قصيرة
أصلع
ملون
رمادي
مضفر
طويل

بني
ناعم
أسود
متموج
مجعد
تجعيد الشعر
صحي
رقيق
سميك
الضفائر

87 - Vestiti

ا ج ش ق ل ا د ة ر و ن ت ر د ق ل
ل ع ز ق م ي ص ض ر ى ؤ ظ ص ك ا ص
س ؤ ح ب ئ ع ق و ل ث ئ ب ث ص ر إ
ت ح ح ف ز ز ب م س ي ح م ن ظ ت ر
ر س و ا ر ب س م ع ط ف ا ز ن ي ج
ة و م ر م ل ي ت ن س د ز ث ل غ س
ج و ح ص ث و ا ط ت ل د ح ك ى ب ئ
ك ا ا ح ش ز ب ا ز ن ؤ د ة ك ع ق
ي ذ ق ب ع ة ن خ د ت ق ت ر ص ر د
ك د ف ظ ر ق ى ض و ت ظ س م خ ط آ
ر غ ة ت آ ف د إ ش ز غ ش ى ر ص ئ
ا ش س ض ج ا س ق ا ذ ق إ ع ز ي ش
إ ي ة ط م ز ي خ ح م و ن س ا ب ل
ث ت ع ك ت ا س ز ك د ص خ ن ج و إ
آ ك ج ز ط ت ج ظ ى ء ا ذ ح ق ب آ
س ق د ئ ص ح ر ج ش ك آ ل ا و ر س

مئزر
قفازات
جينز
سترة
موضة
سروال
لباس نوم
صنادل
حذاء
وشاح

فستان
سوار
بلوزة
قميص
قبعة
معطف
حزام
قلادة
السترة
تنورة

88 - Attività e Tempo Libero

ب	ك	إ	ظ	ة	ح	ا	ب	س	ن	ت	ص	ي	إ	ة	ص
د	س	ك	ف	ى	ف	ل	ا	ل	ه	و	ا	ي	ا	ت	ي
ز	ع	ت	ج	إ	ص	ا	و	ك	ق	غ	ص	ا	ل	ى	د
ث	ج	ذ	ن	ج	ت	س	ل	ب	و	ح	ة	ل	ع	خ	ا
آ	ك	ج	ئ	ة	ش	ت	إ	م	س	س	ب	ك	ذ	ي	ل
ر	ن	د	ت	ن	ق	ر	غ	ة	ت	ي	غ	ر	ذ	خ	س
م	ل	ا	ك	م	ة	خ	آ	غ	ل	ك	ب	ة	ر	ؤ	م
ا	ل	غ	و	ص	ا	ا	ت	خ	ا	ط	ض	ا	ل	ك	ك
ش	ف	ب	ذ	ز	ل	ء	ف	س	س	ؤ	غ	ل	ش	ر	ا
غ	ت	ب	ؤ	ز	س	ة	ل	ن	ج	إ	و	ط	ى	ة	ظ
ق	ذ	ب	ن	م	ف	و	و	ت	ا	ل	س	ا	إ	ا	ا
ض	ح	ئ	ض	ر	ر	ئ	ج	ظ	ي	ث	ى	ئ	ج	ل	ل
ط	ز	ع	إ	ب	ك	س	د	خ	ي	ل	ت	ر	ض	س	ل
ؤ	خ	ز	ف	ض	و	ب	ج	ب	ذ	ز	ز	ة	ا	ل	و
ق	ز	ت	خ	ي	ي	م	د	ق	ل	ا	ة	ر	ك	ة	ح
ى	ش	د	خ	ظ	ج	غ	ل	د	ل	ا	ب	ب	ث	ل	ة

فن
بيسبول
كرة السلة
ملاكمة
كرة القدم
تخييم
بستنة
جولف
الهوايات
الغوص

سباحة
الكرة الطائرة
صيد السمك
اللوحة
الاسترخاء
التسوق
تصفح
تنس
السفر

89 - Arte

ا	ش	م	ش	ي	ف	ئ	ث	ظ	ئ	ة	ر	ص	ث	أ	د
ى	ل	خ	م	ز	ا	ج	ك	ع	ت	ع	ش	د	إ	ص	ف
ل	ة	ت	ص	ا	م	س	و	ب	ك	ر	م	ط	ث	ل	غ
و	ت	ح	ع	ي	ل	ن	ي	س	ر	ى	ص	ن	و	ي	ل
ح	ك	ن	و	ب	س	ش	ة	ي	ل	ا	ي	ر	س	ل	ا
ا	و	ل	ض	س	ي	ز	ك	ط	ش	ف	ف	ع	ي	آ	ت
ت	ي	ا	و	ص	ل	ر	ة	ل	ي	ى	د	ش	س	ح	ص
ظ	ن	ز	م	ر	ش	ق	إ	ص	آ	ؤ	ط	ج	ي	ش	و
ر	ب	م	ا	ب	ش	ب	خ	ا	ث	ن	آ	ظ	ر	م	ي
ة	ش	ذ	ص	ص	ة	ن	ق	ف	ا	ل	ق	د	ا	ص	ر
د	و	ج	ع	ر	ض	س	آ	ش	ا	م	ح	ج	م	ق	ك
ى	م	غ	ش	ي	ظ	ب	ل	و	ف	ئ	ث	ف	ي	ط	ة
ذ	إ	ش	غ	ج	ذ	ز	ق	ح	ن	ل	ع	ظ	ك	آ	ظ
و	ض	ظ	و	ز	ص	ر	ل	ر	ر	س	ن	ث	ح	آ	ج
ب	ر	ح	ف	خ	خ	غ	ن	و	ف	ع	ظ	و	ج	ح	ج
ح	ذ	و	ض	آ	ة	ض	خ	ر	ب	و	ل	ي	ئ	ق	ا

سيراميك
مركب
تكوين
لوحات
التعبير
الشكل
ربما
صادق
أصلي
شخصي

شعر
تصوير
النحت
بسيط
رمز
موضوع
السريالية
مزاج
بصري

90 - Meteo

ع	س	ح	ا	ب	ة	ف	ذ	ف	غ	ل	ف	ق	ر	ب	ن
ز	ا	ى	ا	ل	ر	ع	د	ث	ن	ئ	ق	و	د	ض	ذ
آ	ا	ص	ت	ص	ت	ظ	ح	د	و	ل	ي	س	ذ	ي	ص
ن	ج	ل	ف	ذ	ئ	ش	ذ	و	إ	م	آ	ق	ى	ل	د
إ	ا	م	ر	ة	إ	خ	ش	ع	م	ص	ي	ز	ة	ص	ا
ز	ف	ن	ا	ق	ص	ؤ	ش	ن	ط	ز	ش	ح	ع	ث	غ
ى	غ	ا	ص	ل	ة	ر	ا	ر	ح	ل	ا	ة	ج	ر	د
ق	ا	خ	ع	ط	ض	ش	ث	خ	ص	ث	س	ص	ق	ع	د
ز	ة	ك	إ	ئ	م	ب	ج	ر	ض	ج	ت	ر	ي	ح	د
و	ح	ض	س	ض	م	ض	ا	ف	ئ	ز	و	ر	ط	ب	ظ
ط	م	ي	م	ه	د	و	ء	ب	ا	ر	ا	خ	ت	ح	خ
ذ	ف	ة	ا	ق	ى	ن	ز	ع	ئ	ف	ئ	د	ج	ف	ل
ص	ث	ز	ء	ي	ئ	ئ	ز	خ	ة	ل	ي	ب	ط	ق	غ
ا	ل	غ	ل	ا	ف	ا	ل	ج	و	ي	ع	ك	ل	ل	ف
ج	ل	ي	د	ظ	د	ق	ق	ا	ب	ب	ط	ا	غ	ح	ة
ل	س	ر	ش	ى	ب	و	ق	إ	خ	ق	ن	س	ي	م	ق

سحابة
قطبي
جفاف
درجة الحرارة
عاصفة
إعصار
استوائي
الرعد
رطب
ريح

قوس قزح
جاف
الغلاف الجوي
نسيم
هدوء
سماء
مناخ
برق
جليد
الضباب

91 - Corpo Umano

ل	ج	ة	ج	ت	غ	ا	ل	ع	س	ك	ث	ض	ق	ذ	س
ل	ت	ر	ظ	ي	ص	ل	س	ي	ئ	ر	ت	ع	ش	ج	ظ
إ	ص	ز	ط	ت	ل	م	ف	ن	ذ	ن	ن	ف	ة	ا	آ
ش	ب	آ	ي	ف	ا	ع	و	ك	ب	ا	ح	ن	ح	ة	ض
ص	س	ذ	ق	ن	م	د	ي	و	غ	ع	ك	أ	ر	ز	ة
ث	ج	ز	ض	ب	ي	ة	ب	ق	ر	ي	ش	ج	ث	ق	خ
ق	ر	ط	ذ	آ	ى	خ	د	ص	و	ع	ع	ث	ل	ج	ر
ر	و	ة	و	ط	د	د	م	ث	ل	ي	ض	غ	ل	د	ج
ظ	ق	ن	س	آ	إ	ص	ب	ع	ق	د	ص	و	ج	ه	د
ر	ك	ب	ة	ا	ر	ض	ئ	ب	ر	ل	إ	ث	ى	ف	م
ت	ص	س	إ	ب	ك	إ	ر	إ	إ	ب	ب	ش	إ	إ	ا
ز	و	د	ع	ن	ة	ش	ة	ر	آ	ب	ز	ذ	ر	ظ	غ
أ	ذ	ن	ا	ل	ن	ح	إ	ج	ز	ث	ذ	ل	ض	ا	ط
ن	ك	ث	ن	د	آ	د	إ	إ	ح	ؤ	ح	م	ك	ش	ك
ح	ل	ذ	ع	ك	ا	ح	ل	س	ث	ب	ب	ج	ى	ي	ى
ؤ	غ	ز	خ	ع	آ	ب	ث	ط	ع	ذ	ث	ظ	آ	خ	ى

فم	يد
كاحل	ذقن
دماغ	أنف
رقبة	عين
قلب	أذن
إصبع	جلد
وجه	دم
رجل	كتف
ركبة	المعدة
كوع	رئيس

92 - Mammiferi

ى	ج	ض	ي	ص	ى	ز	ظ	ع	ف	ظ	إ	ذ	و	ق	ع
ت	إ	ص	غ	ح	إ	ض	ظ	ث	و	آ	ح	ر	ذ	خ	ئ
ح	ل	ف	ح	إ	ة	ي	ع	إ	ك	ث	ر	ح	ظ	ق	ف
و	ج	ص	س	س	ا	و	ى	ش	س	ط	ذ	د	ط	ظ	ق
ت	ا	ت	ل	ك	ف	ش	غ	ت	آ	ت	م	ب	ض	ذ	س
ن	ة	ف	ا	ر	ز	ث	آ	س	س	و	ق	ذ	ب	ة	ؤ
ج	ت	ح	و	ض	ق	ح	ة	أ	س	د	ت	ظ	ل	إ	ظ
د	آ	ؤ	ض	ج	ي	ق	ح	ب	و	ب	ئ	ذ	ؤ	ق	ب
ي	ث	ف	و	ر	خ	ط	ي	ل	ا	ن	ف	ا	ح	م	آ
ج	ا	ى	ش	ؤ	ف	ت	ف	ك	ق	ر	د	ج	ن	ؤ	ى
ؤ	ل	ف	ة	ح	ح	ي	ى	إ	و	أ	ؤ	و	و	ض	ث
ص	ن	ح	ش	م	ن	ع	ؤ	غ	ر	ا	د	آ	ن	ط	و
ط	ظ	غ	ل	ح	ح	غ	و	ر	ي	ل	ا	س	م	و	ر
آ	ي	ش	ح	و	ر	ا	م	ح	خ	ف	و	م	ل	ى	غ
ص	ذ	ئ	ب	ا	ل	ب	ر	ا	ر	ي	ع	ت	ؤ	ف	ن
س	ي	ح	ص	ث	ذ	ن	ج	ي	ظ	ل	ك	ص	آ	ا	ك

حوت
كلب
كنغر
سمور
حصان
أرنب
ذئب البراري
دولفين
الفيل
قط

زرافة
غوريلا
أسد
ذئب
يتحمل
خروف
قرد
ثور
فوكس
حمار وحشي

93 - Cucina

ج ث ق ط ح س غ ن ع ع م ج ف ك ا ذ
ش ض ع غ خ ظ ط ط ن ف م ة ك ش و و
د ا ا ا ط خ ذ ا ة ر ج ز و ك إ ع
م ئ ل د ن ت ى ق ج ظ ق ا ش ر ظ ا
ج ة م إ غ ة ف م ن د ي ل ل ة خ ء
م إ ل ظ ق م و ص ف ة ر ش ا ل ا ى
ئ ز ا ح ظ غ آ ل س ج ب ش ف و ص ث
ع ا ن خ ة ر ا ظ إ ا إ ل ث ج ز ؤ
ل ى ا د ن ف غ ش ث ل غ ا و ة م ص
ظ غ ل ا ي ة ض ش ب ث ز ف ذ خ ى ث
ا م ض ئ س ظ ج ا ا ؤ ى ص ذ خ إ و
ش ى ض ة ك ذ و ذ و ا م س ي ظ و ق
ر ظ ظ ئ ا ت آ ح ك ب ك ؤ ئ ر ص ط
ع ئ ا ط ك ل ع ل أ ظ ن ا د ي ع ا
ح ض ر ؤ ي ل ف ض ت ؤ ر ث ذ ا ظ ك
ف ى إ د ن ئ و ح إ خ ف ل ر ز ئ م

عيدان
غلاية
إبريق
طعام
وعاء
سكاكين
مجمد
الملاعق
الشوك
فرن

ثلاجة
مئزر
شواية
مغرفة
وصفة
توابل
إسفنج
أكواب
منديل
جرة

94 - Giardinaggio

ب	ء	ا	م	د	خ	ق	خ	ذ	ئ	ا	آ	ع	د	آ	و
ا	ا	ر	ض	ئ	ن	ذ	ر	س	ح	س	ف	ض	ل	ة	ك
ر	ع	ق	ئ	آ	ا	ز	ط	ع	ا	ل	أ	ز	ه	ا	ر
ت	و	ج	ة	ق	ر	و	و	ؤ	ظ	ذ	م	ث	ظ	ق	ة
ل	ق	ب	ب	أ	ج	ئ	م	ئ	ك	ظ	ن	ا	ت	س	ب
ا	م	ك	ر	ا	ز	ض	ا	آ	ز	ط	ا	س	ن	آ	و
ح	ض	خ	ت	ك	ض	ه	غ	ر	ي	ب	خ	ن	م	ذ	ط
ى	ج	ى	ئ	ت	ئ	ع	ا	و	ن	أ	ل	ا	ة	ا	ر
ش	ض	ب	ح	إ	و	ئ	ع	ر	ل	ق	ق	ى	غ	ط	د
ى	ف	ل	ب	ؤ	إ	ص	آ	و	ج	ض	ك	ع	إ	ئ	ش
ع	ت	ا	ؤ	د	ؤ	م	ر	ذ	ن	ب	ا	ت	ي	ظ	ي
ر	م	ذ	ك	ئ	ت	ظ	ح	ب	غ	ن	ق	غ	م	ت	ح
ؤ	خ	ا	ص	ا	ل	ح	ل	ل	أ	ك	ل	ت	س	ج	ؤ
ر	ز	ج	ى	س	ذ	ز	ل	ي	م	ف	ئ	إ	و	ق	ق
ق	ج	ه	و	ص	آ	ئ	و	ي	م	ئ	ة	ض	م	ى	ج
ى	ف	ئ	ر	ج	ش	ل	ا	ق	ا	ر	و	أ	ط	و	ا

أوراق الشجر
بستان
باقة أزهار
بذور
الأنواع
التراب
موسمي
تربة
خرطوم
رطوبة

ماء
نباتي
مناخ
صالح للأكل
سماد
وعاء
غريب
زهر
الأزهار
ورقة

95 - Jazz

ز	ي	ب	ط	م	ن	ظ	ش	خ	ض	ا	ا	ي	غ	آ	ص
ن	غ	ح	و	و	و	ج	ؤ	ق	ف	ل	إ	د	د	ق	ذ
ج	ص	ث	ا	ب	ر	س	ص	ص	ت	م	ل	ي	ئ	ن	ف
ت	د	إ	ل	ل	ط	و	ي	ا	خ	ف	ئ	د	ق	ض	ص
ا	ن	ج	ن	أ	ؤ	غ	ن	ق	ئ	ض	ج	ج	أ	ا	خ
د	ل	ؤ	و	ل	ض	ص	ظ	ص	ى	ل	ي	ل	و	ح	ع
ؤ	ق	ا	ع	ة	ش	ر	ب	م	ق	ة	ج	ا	ر	ف	ع
ض	ئ	ب	ر	ت	ل	ت	ه	ت	ق	ن	ي	ة	ك	ل	ج
ك	ل	غ	و	ت	ج	ش	ا	ت	ص	ف	ي	ق	س	ة	غ
ق	غ	ص	ه	خ	ج	ز	و	م	ى	ز	ن	ش	ت	م	و
د	ف	ئ	ش	ط	ث	ا	م	ي	د	ق	ا	ؤ	ر	و	ل
أ	ط	ت	م	ت	ى	ت	ل	ن	ت	غ	ب	ل	ا	س	ط
غ	ي	ج	خ	ط	ن	ف	ا	ل	ت	ر	ك	ي	ز	ي	آ
ن	ة	ي	آ	ي	ج	ن	ي	و	ك	ت	ف	ض	ج	ق	إ
ي	غ	ش	ر	ب	ج	ا	ز	ض	ق	إ	ع	ف	ج	ي	ف
ة	خ	ط	ع	ر	إ	ن	ح	ل	م	إ	ث	إ	ف	ة	خ

الارتجال
موسيقى
الجديد
أوركسترا
المفضلة
إيقاع
نمط
المواهب
تقنية
قديم

ألبوم
تصفيق
فنان
أغنية
ملحن
تكوين
حفلة موسيقية
التركيز
مشهور
النوع

96 - Vacanze #2

ت	خ	ي	ي	م	ط	ا	ر	ف	ن	د	ق	ف	د	ظ	ت
م	خ	ط	ف	ب	ا	د	ح	ت	و	ط	ر	ح	ب	و	أ
ي	ق	ا	ر	ل	ك	ة	ل	ن	ا	ع	و	ت	م	ض	ش
إ	ذ	ؤ	ن	و	ج	ه	ة	ر	ى	ق	ص	س	ص	ذ	ي
ص	م	ق	ن	ف	ش	ا	ط	ئ	س	ن	ل	د	ر	ج	ر
ا	ل	ن	ت	ا	ك	س	ي	ي	م	س	ا	ج	ز	ئ	ة
ه	ي	ف	ر	ت	ل	ا	ر	ؤ	ر	ف	س	ز	ا	و	ج
س	ؤ	د	ئ	خ	ي	س	خ	ف	س	ن	و	ت	آ	ذ	ى
م	ع	ج	غ	ث	ة	ط	ر	ى	ف	و	م	ر	ث	ص	خ
ف	غ	ا	ث	ذ	م	ك	د	ئ	ب	ى	ن	ؤ	ي	ل	د
ث	ي	ش	ش	ب	أ	ذ	غ	خ	ض	ة	ر	ذ	ل	م	ص
ن	ز	ص	غ	ج	ج	ز	ي	ر	ة	م	ي	خ	آ	آ	ب
د	ر	ح	ن	ق	ف	خ	ك	ص	ل	ج	إ	ط	ض	ي	س
ة	ج	ب	ز	غ	ك	ر	م	ط	ط	ش	د	ض	ض	ذ	ر
خ	ي	ئ	خ	غ	ز	إ	ط	ج	ع	ص	ن	ز	ر	ض	ؤ
م	ى	ث	ا	خ	ي	ح	م	ع	ط	م	ث	غ	ة	ف	ة

مطار
تخييم
وجهة
الصور
فندق
جزيرة
خريطة
بحر
جواز سفر
مطعم

شاطئ
أجنبي
تاكسي
الترفيه
خيمة
النقل
قطار
عطلة
رحلة
تأشيرة

97 - Attività

ث	ظ	و	س	ج	ق	ا	ذ	ب	ق	ص	ن	ئ	م	ت	ظ
ب	ح	ي	ب	ر	ك	ؤ	ن	ل	ر	ش	ف	ر	ب	ط	ب
س	م	ر	ا	ء	م	ت	ع	ة	ا	ن	ه	ن	ط	ي	م
ج	ئ	ء	ع	ا	س	ح	س	ط	م	ي	ي	خ	ت	د	ت
ك	ة	ف	ل	خ	ل	ح	ذ	ا	ؤ	ي	ف	ظ	ل	ر	ر
د	ذ	ر	أ	ر	ا	ل	ص	ي	د	و	ر	آ	د	و	ن
ئ	ق	ح	د	ت	د	ا	م	خ	م	خ	ت	ض	آ	ا	ج
ص	ض	ل	ئ	س	ي	ص	ط	ر	م	ئ	ل	خ	ف	ح	ش
خ	ج	ا	ؤ	ا	ص	م	ع	ى	ه	إ	ا	غ	آ	ى	و
ع	ر	ص	ن	ص	ج	ل	ا	ك	ا	ر	ي	و	ص	ت	د
ض	ا	ل	أ	ل	غ	ا	ز	ض	ر	ع	إ	خ	س	ع	د
ك	ؤ	ى	ط	ا	ل	ل	و	ح	ة	ئ	ك	و	ذ	ة	ك
ع	ن	ف	ت	ض	و	ى	م	ى	ش	س	ر	ل	آ	خ	ن
إ	ة	ن	ت	س	ب	ي	ن	ت	ا	ت	ن	ث	خ	ل	ز
ى	ي	ت	ب	ي	ص	د	و	ج	ى	ؤ	ر	ح	س	آ	ك
ظ	س	آ	ث	ؤ	د	ى	ة	س	د	غ	م	ظ	ح	إ	ط

ألعاب
المصالح
قراءة
سحر
صيد السمك
متعة
اللوحة
الألغاز
استرخاء
الترفيه

مهارة
فن
الحرف
نشاط
الصيد
تخييم
خياطة
الرقص
تصوير
بستنة

98 - Diplomazia

ا	س	ر	ظ	ؤ	م	إ	ع	ؤ	ا	ط	آ	ى	ش	ا	ى
ص	و	ف	ج	د	س	ن	د	و	ن	ث	ت	ة	م	ح	ض
ع	د	ظ	ي	ث	ت	س	ا	ن	ق	ا	ش	ق	ي	ص	ظ
ف	غ	آ	ح	ر	ش	ا	ل	ن	ع	ر	س	ص	غ	ب	ة
ع	ب	ط	ق	ا	ا	ن	ة	ه	ا	ز	ن	ل	ا	ف	ة
و	ح	ز	ف	ر	ر	ي	و	ب	ز	ث	ش	ش	م	ل	خ
ز	ك	ذ	ة	ق	ي	ج	ن	و	ن	ط	ا	و	م	ل	ا
ذ	غ	ح	ص	ل	ز	ح	ك	و	م	ة	س	ق	د	ن	ة
ؤ	ز	د	ا	ا	ة	م	ي	ئ	ا	ث	ي	ة	ة	ا	ت
ل	ى	ت	ي	ز	ص	ش	ف	ض	آ	ع	ق	ق	و	ة	ز
م	ط	ئ	ض	خ	ب	م	ي	م	ق	ذ	ت	ذ	ز	ع	ن
س	ي	ا	س	ة	ا	ل	س	ف	ا	ر	ة	ؤ	إ	ص	ع
ا	غ	ع	ش	ص	ط	ل	ت	ش	ل	آ	ذ	ض	ض	ش	ق
د	ب	ل	و	م	ا	س	ي	ن	خ	ى	ح	ك	ئ	ص	ئ
م	ع	ا	ه	د	ة	أ	م	ن	أ	د	س	ل	ظ	ا	م
ر	آ	ج	ق	ز	إ	س	م	ل	ة	ض	ح	ى	ش	ي	ذ

أخلاق
عدالة
حكومة
النزاهة
سياسة
القرار
أمن
حل
معاهدة
إنساني

السفارة
سفير
المواطنون
سيفيك
ملة
نزاع
مستشار
تعاون
دبلوماسي
نقاش

99 - Forniture Artistiche

أ	ف	ر	ش	أ	خ	ف	خ	ذ	ط	ت	إ	ا	ش	ؤ	ى
ى	ك	س	ف	ا	ل	ئ	ذ	ء	ا	م	ب	ل	ب	ظ	ل
ا	ف	ر	ب	ح	آ	و	ئ	ب	و	غ	د	أ	ب	ئ	ز
ط	ي	ن	ي	ي	د	ك	ا	غ	ل	ذ	ا	ف	ظ	أ	د
د	ف	ذ	د	ل	ق	ؤ	ذ	ن	ة	ت	ع	ك	ط	ق	ا
ض	ج	ئ	ل	ض	ي	ز	م	و	م	ث	ك	ا	س	ل	ب
ا	ل	ح	ا	م	ل	ك	ع	ب	ع	ا	ن	ر	ظ	ا	ث
ا	ل	أ	ل	و	ا	ن	ح	د	ل	ج	ئ	ق	ب	م	ز
د	ؤ	ق	إ	ف	ك	ث	ة	ك	ؤ	ا	ر	ي	م	ا	ك
ظ	ن	إ	ح	ي	ف	ن	آ	ر	آ	ظ	ج	ي	ة	ل	إ
ا	ل	ب	ا	س	ت	ي	ل	ن	ف	ط	ق	ظ	ا	ر	آ
ذ	و	ر	ق	و	ئ	خ	ل	ت	ا	ر	ص	ؤ	ح	ص	ئ
ك	ك	ن	غ	آ	ش	ذ	غ	ن	ى	س	خ	خ	م	ا	ف
ئ	ر	ش	و	ف	ر	ذ	ة	ص	س	س	ر	ع	م	ص	ش
ى	ذ	س	و	ح	ع	ض	ث	م	ى	ئ	د	ف	ص	ح	ز
إ	غ	ق	ي	م	ز	ق	إ	غ	د	ة	د	د	ق	ز	س

ماء
ألوان مائية
أكريليك
طين
فحم
ورق
الحامل
صمغ
الألوان
إبداع

ممحاة
الأفكار
حبر
أقلام الرصاص
نفط
الباستيل
كرسي
فرش
طاولة
كاميرا

100 - Misurazioni

ش ف ع ا ف ت ر ا آ ا و ظ إ ك ا م
ى ش ة ي ق و أ ن ل ل ح ؤ ؤ ي ؤ ؤ
ذ ح ص ف ج س ط ط ت ت ح ب ذ ل م إ
ع ت و ك ي ل و م ت ر خ ع غ و ت ض
ل ظ ب ة ض ل ز ص ي ت ض ل ر غ ع ن
آ ا غ ن ف ر ل ب ا ل ق م ت ر ى ك
ص ي ة ز ط غ خ ك ب ف ب ح ت ا خ ق
ع ئ ق ب س ف ط ت ظ ص إ م ك م ص ش
ش خ غ ز ل ع ؤ ز ر ن ي ة ج ر د ر
ر و ر س ي ر ا إ ز ت آ ي ت ش س د
ي ح ا ك ح ض و ز ن و غ ة ق ي ق د
ت م م ة ذ ث ص س ؤ ص ع ض ق د ذ خ
ا ن م ة آ ح ف ن آ ل ج د ى ؤ ض إ
ب غ ع ظ ف ض ث ن ط ا ش ث ق ج آ ى
ض ح م ب ة ط م و غ ح خ ذ ش ح ق ل
ث ؤ ق ط ن ق م ا ض ص ج ع و ذ س ص

ارتفاع
بايت
سنتيمتر
كيلوغرام
كيلومتر
عشري
درجة
غرام
عرض
لتر

الطول
متر
دقيقة
أوقية
وزن
نصف لتر
بوصة
عمق
طن
الصوت

1 - Scacchi

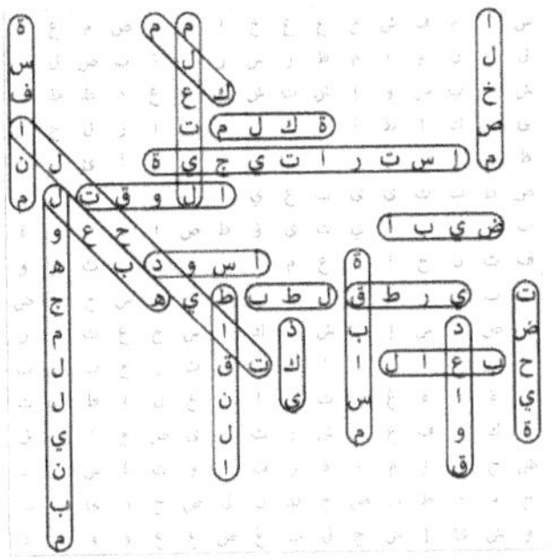

2 - Salute e Benessere #2

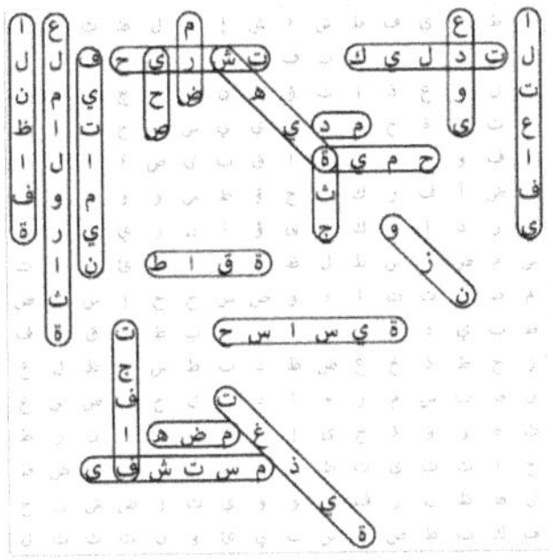

3 - Aggettivi #2

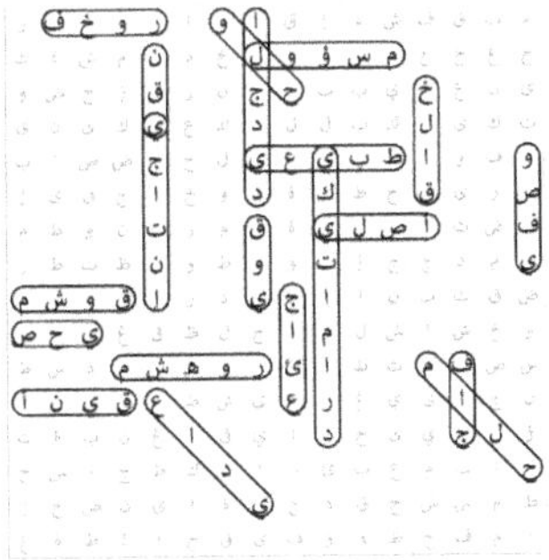

4 - Ingegneria

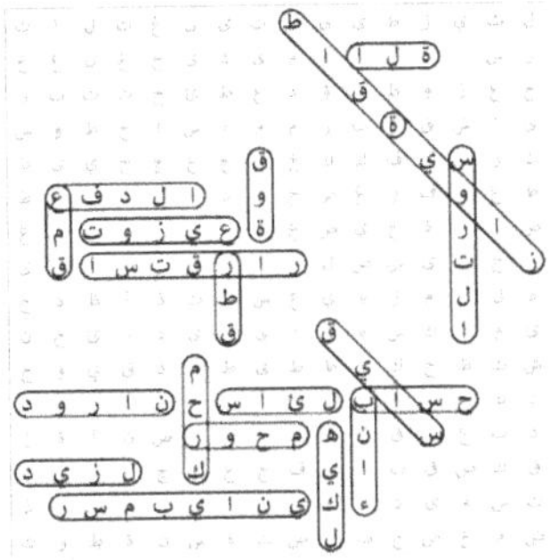

5 - Archeologia

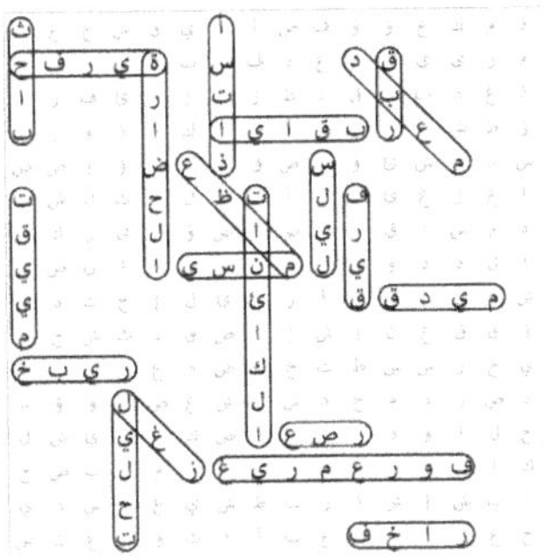

6 - Salute e Benessere #1

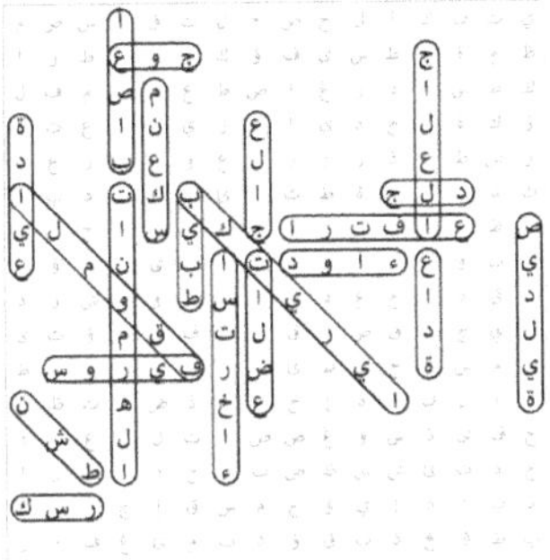

7 - Aggettivi #1

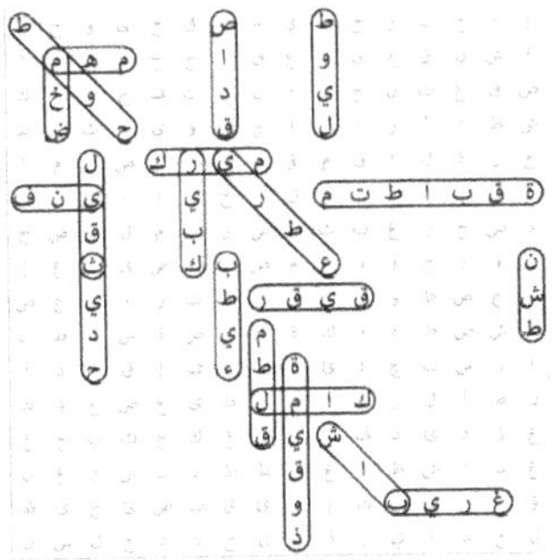

8 - Geologia

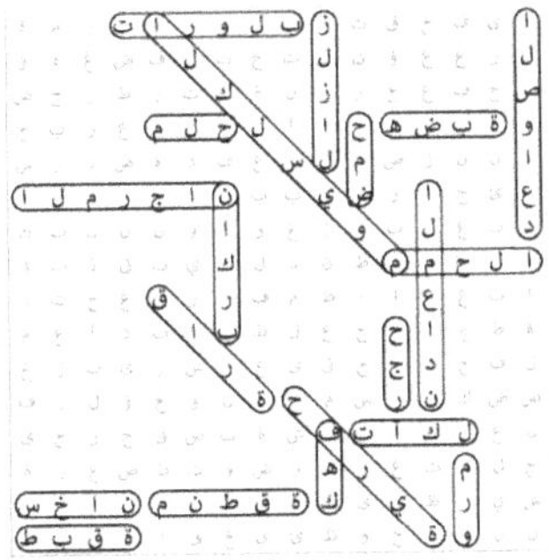

9 - Campeggio

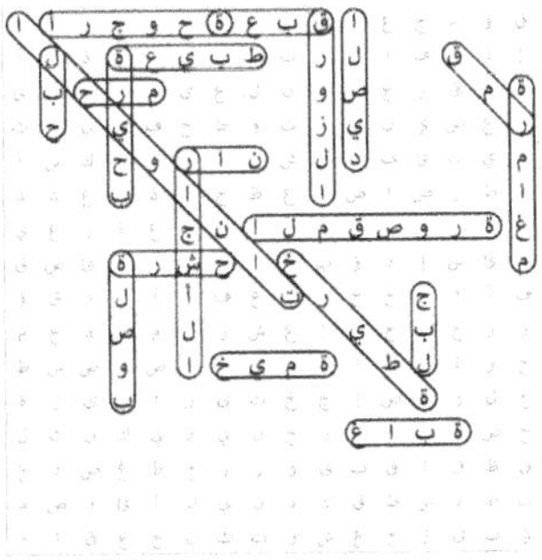

10 - Tempo

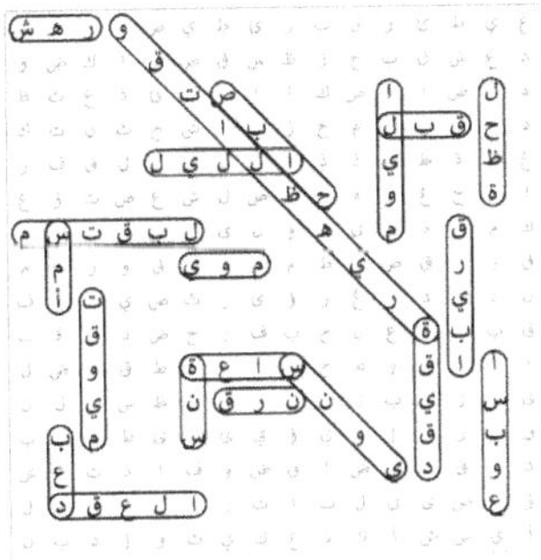

11 - Astronomia

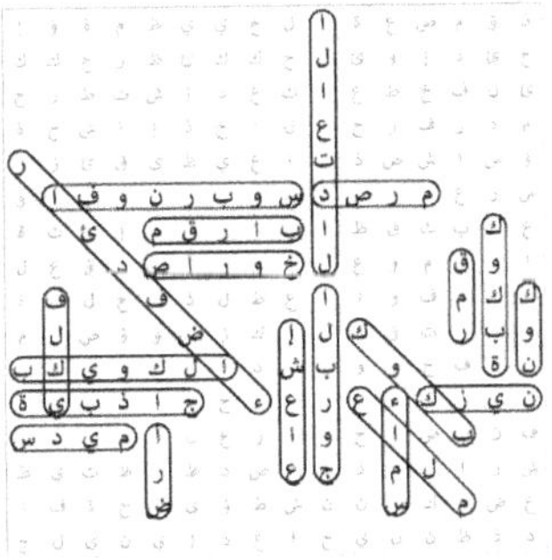

12 - Algebra

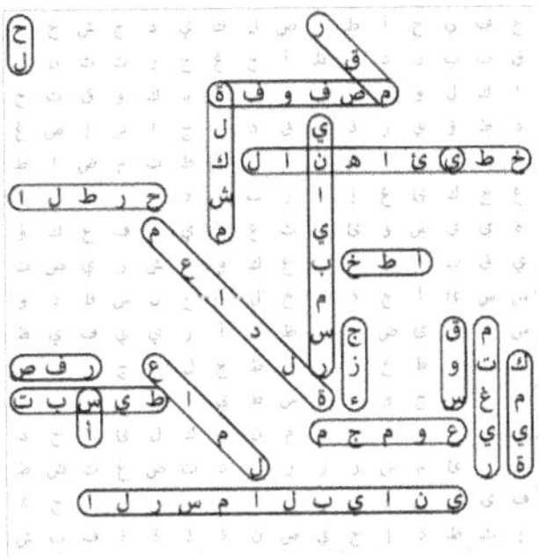

13 - Mitologia

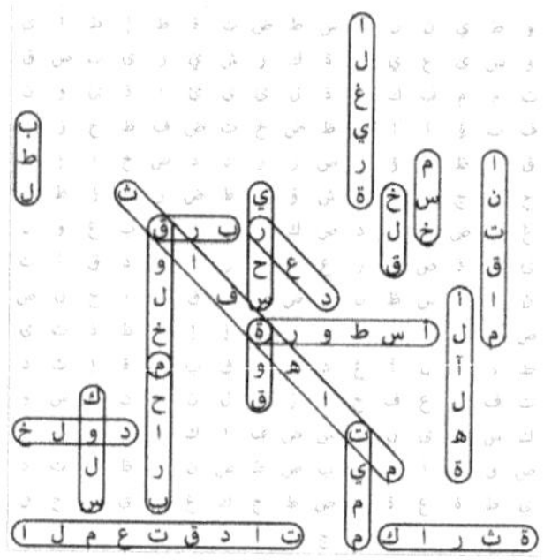

14 - Piante

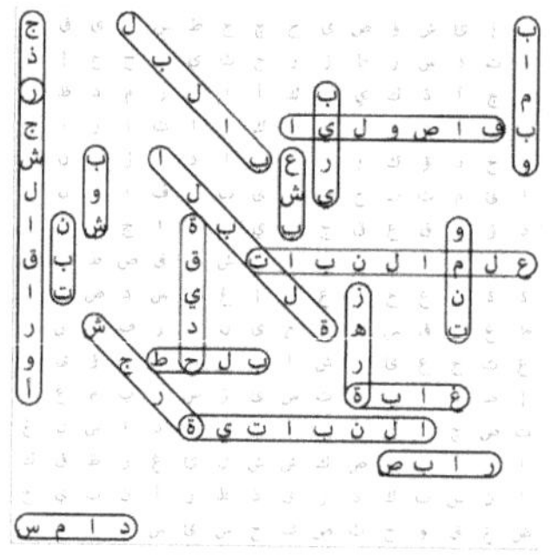

15 - Spezie

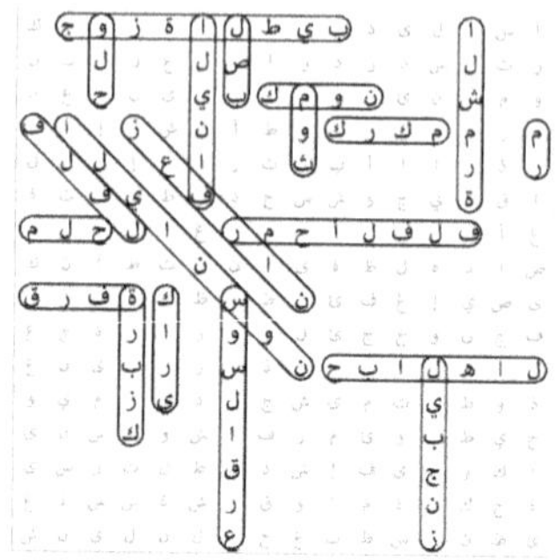

16 - Numeri

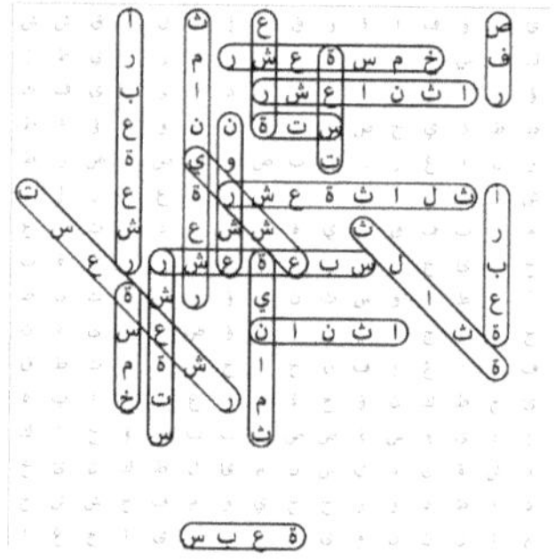

17 - Guida

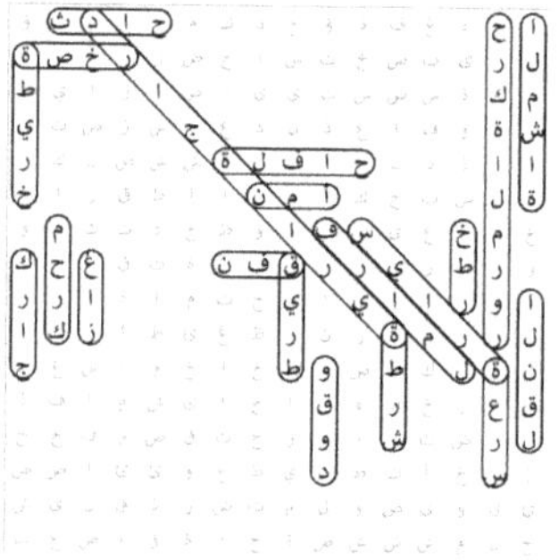

18 - I Media

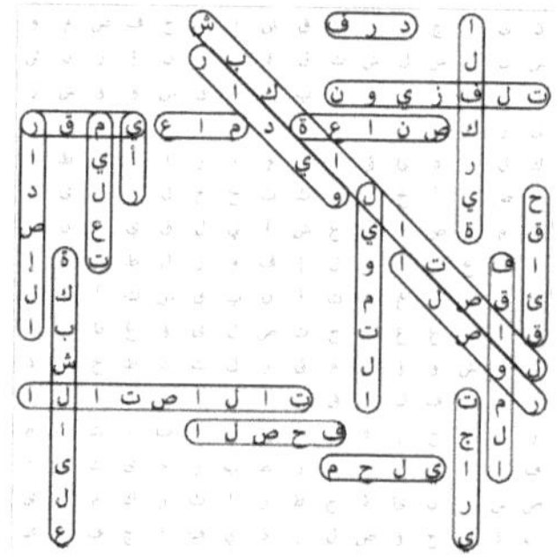

19 - Forza e Gravità

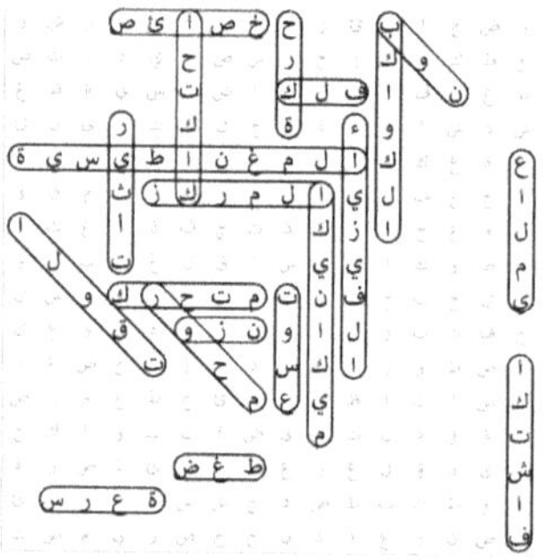

20 - Caffè

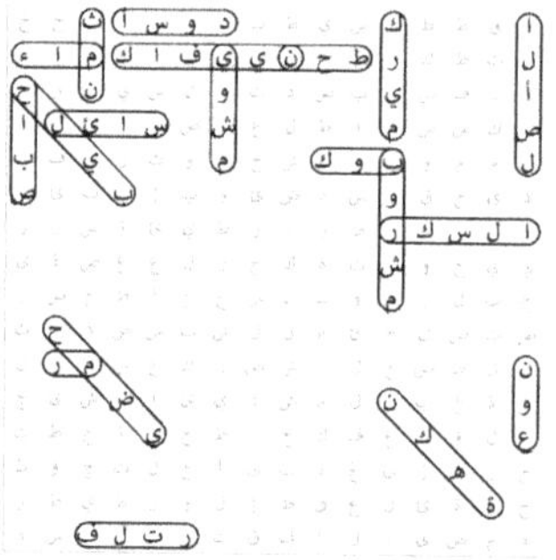

21 - Uccelli

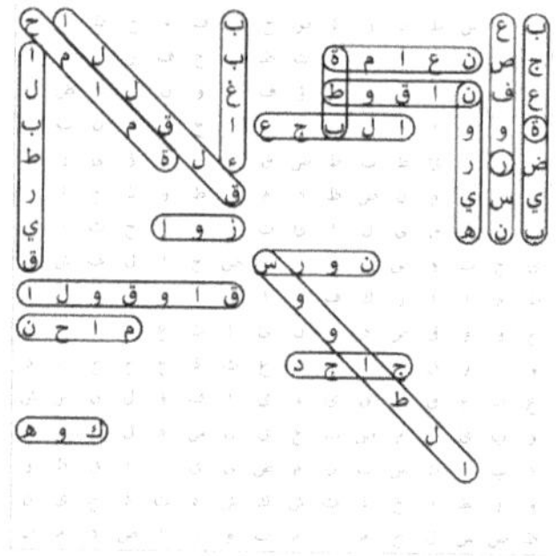

22 - Giorni e Mesi

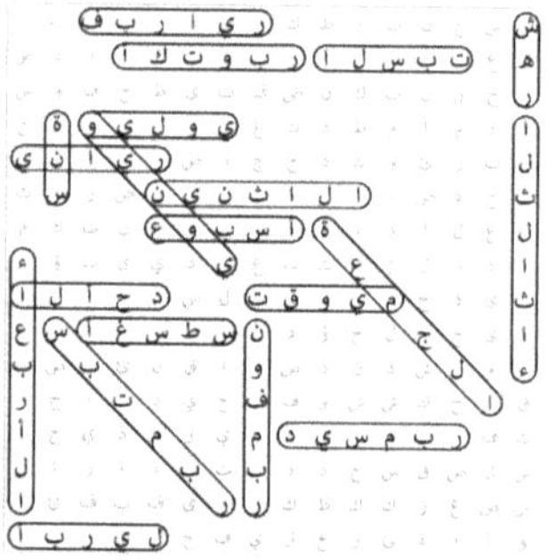

23 - Casa

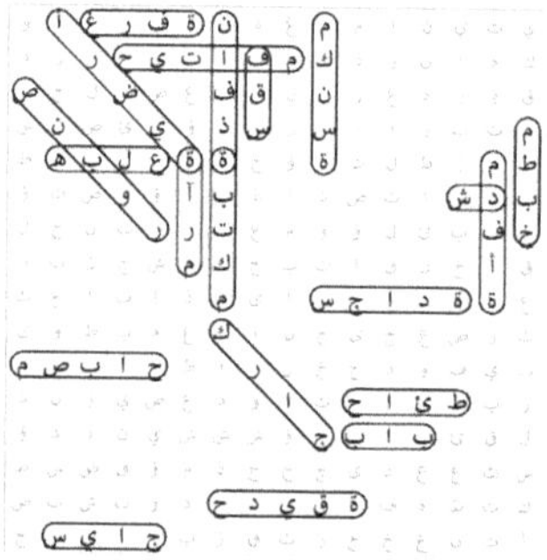

24 - Ristorante #1

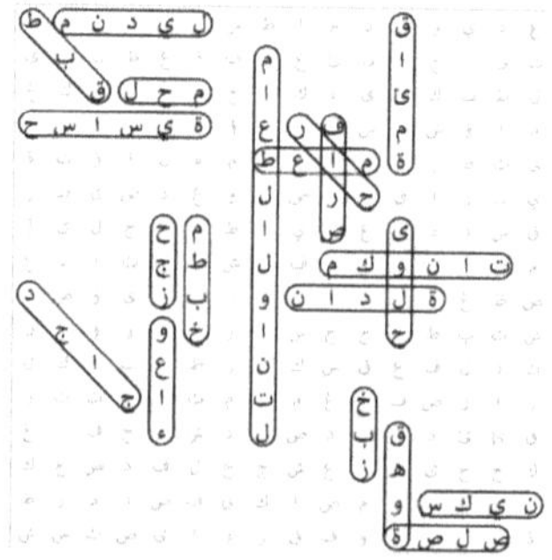

25 - Fantascienza

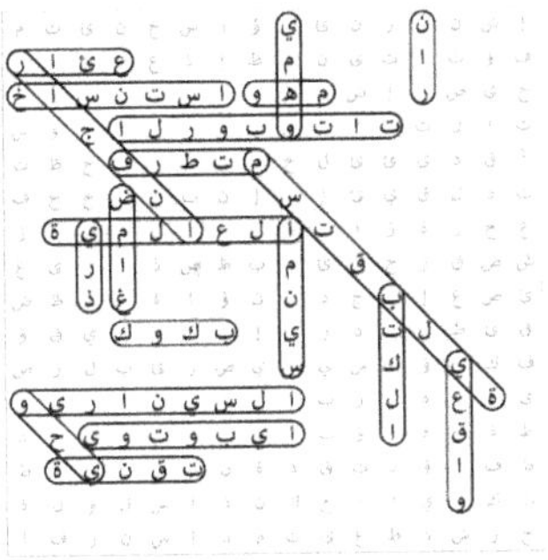

26 - Città

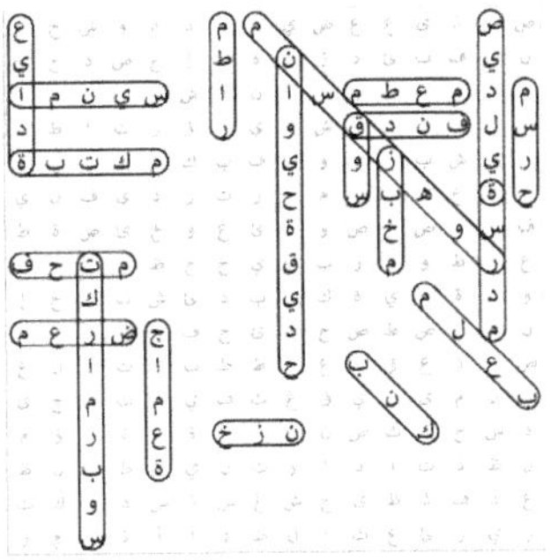

27 - Fattoria #1

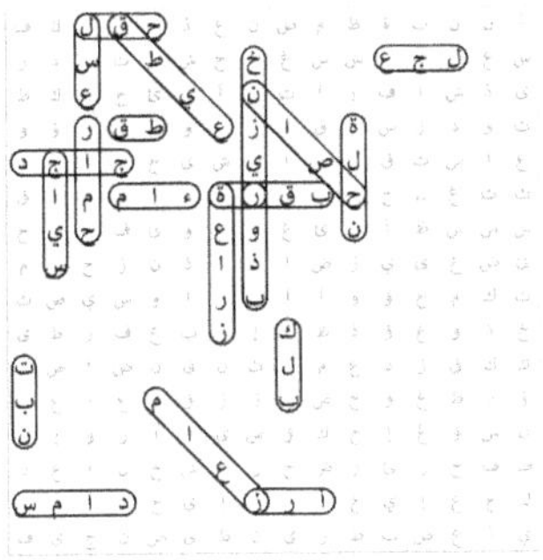

28 - Psicologia

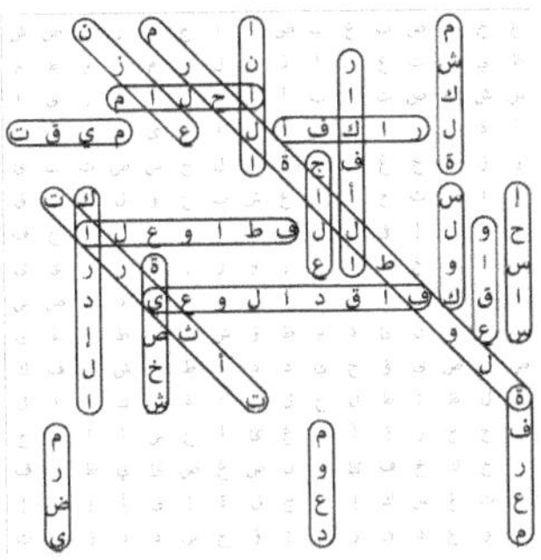

29 - Paesaggi

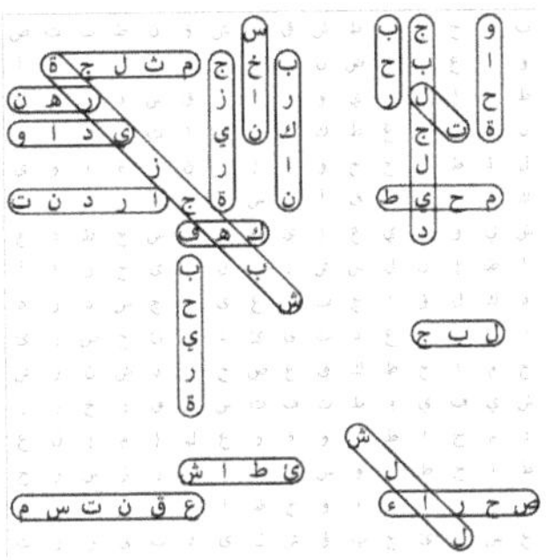

30 - Energia

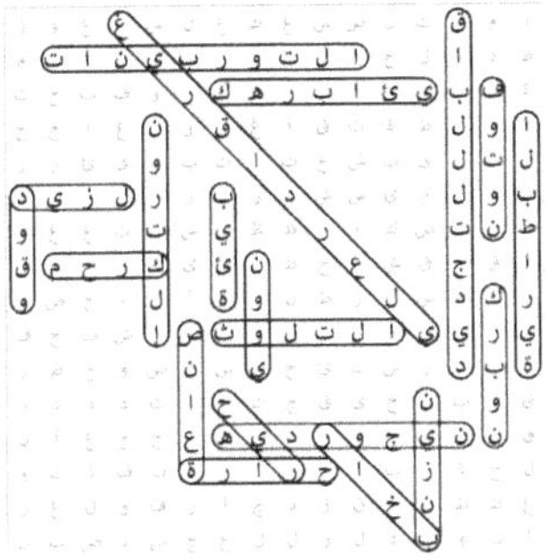

31 - Moda

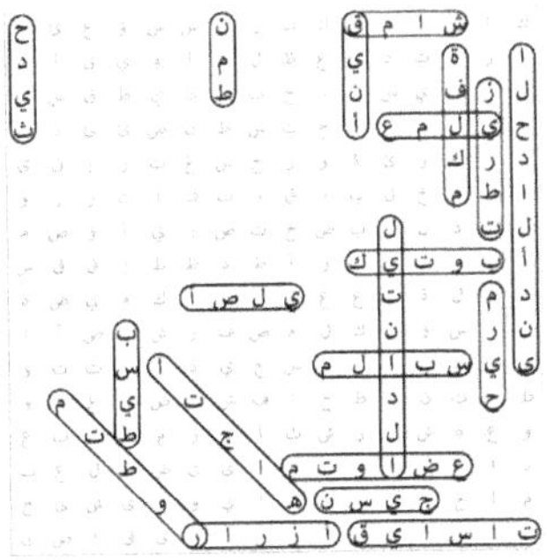

32 - L'Azienda

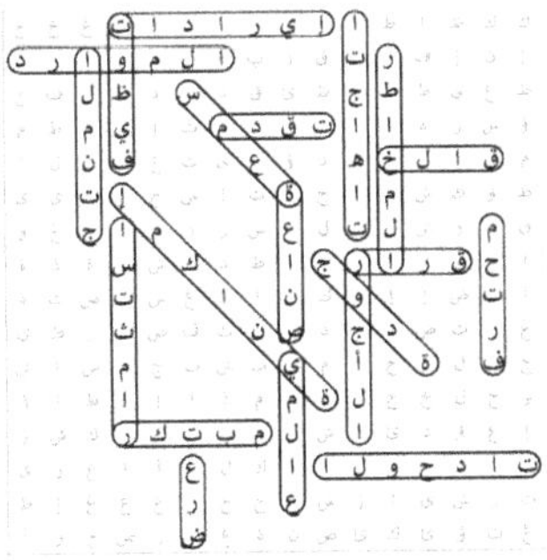

33 - Giardino

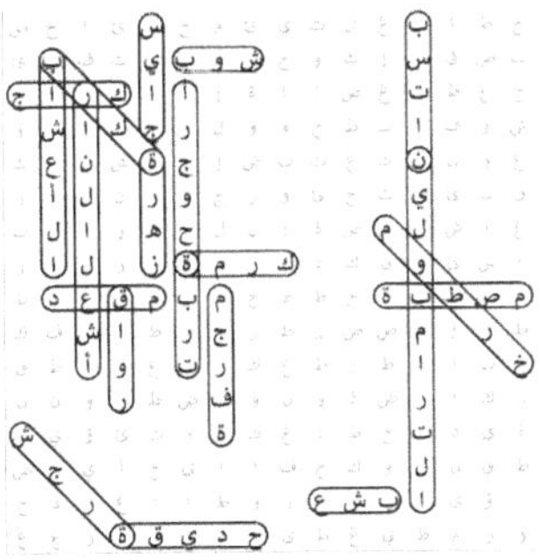

34 - Riscaldamento Gl

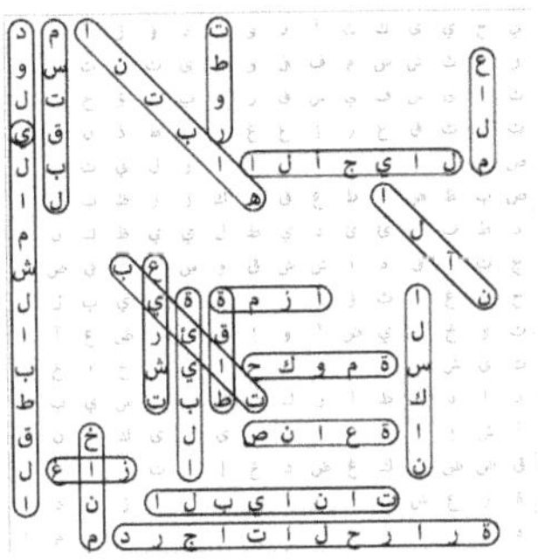

35 - Frutta

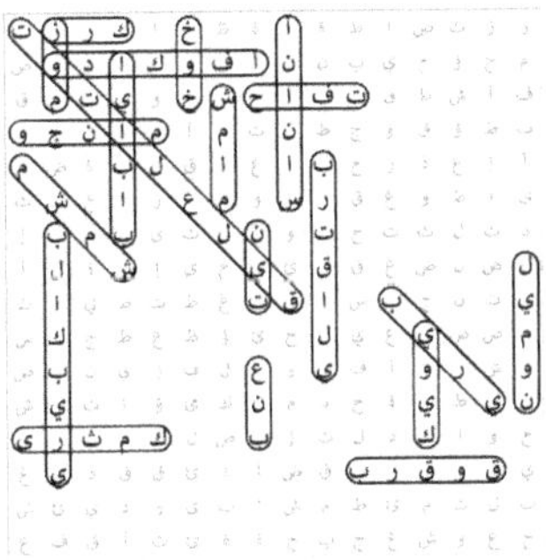

36 - Fattoria #2

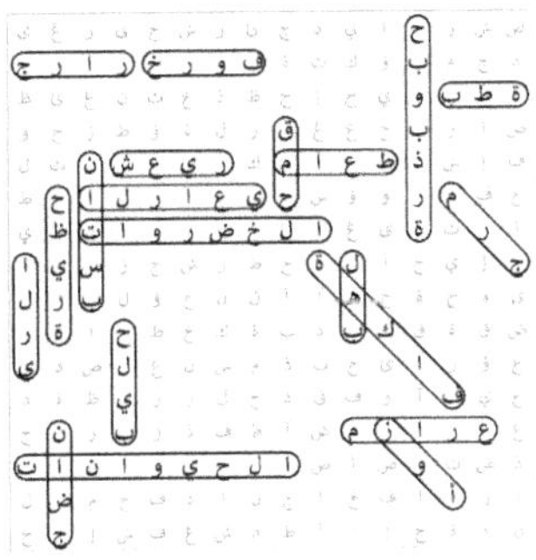

37 - Verdure

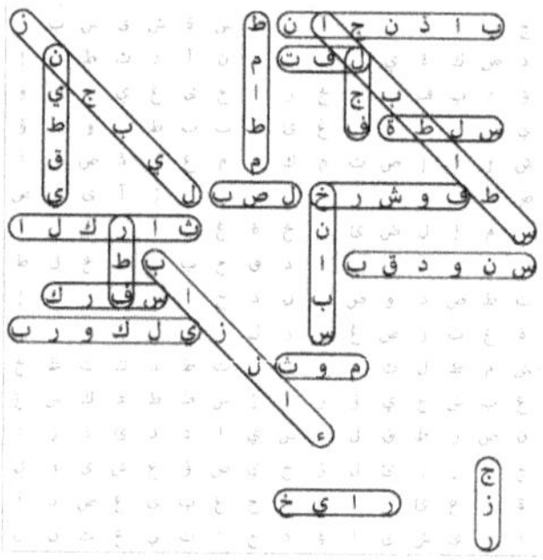

38 - Musica

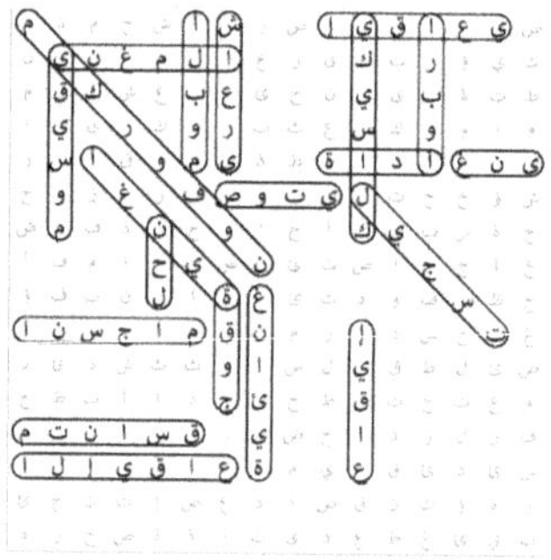

39 - Barbecue

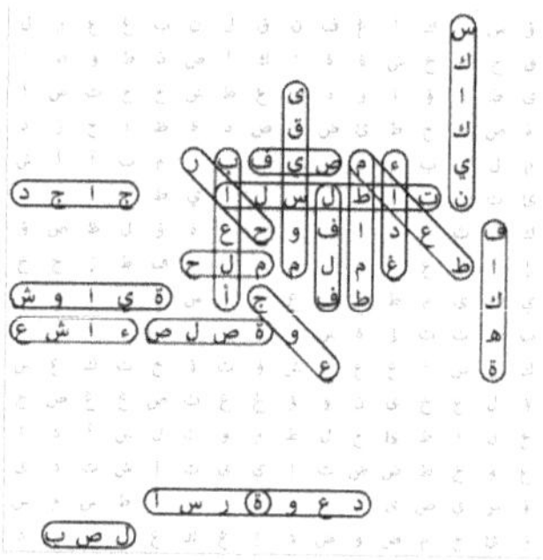

40 - Insetti

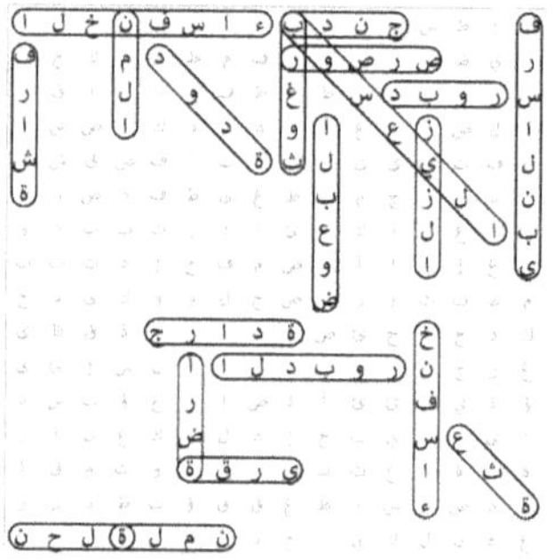

41 - Fisica

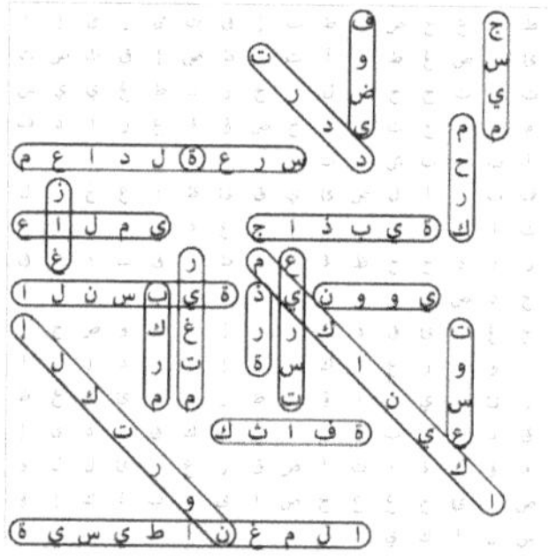

42 - Agronomia

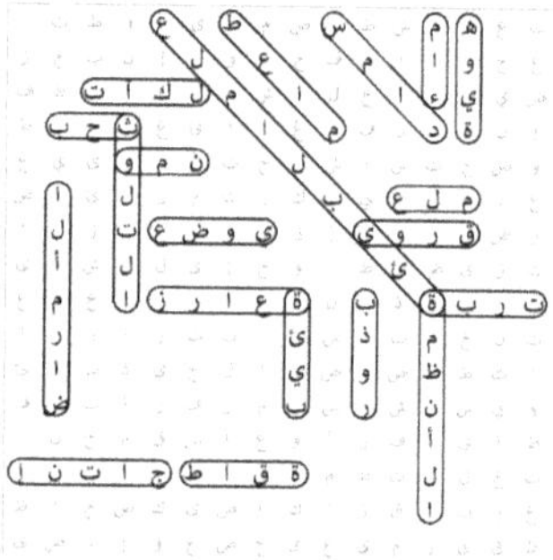

43 - Erboristeria

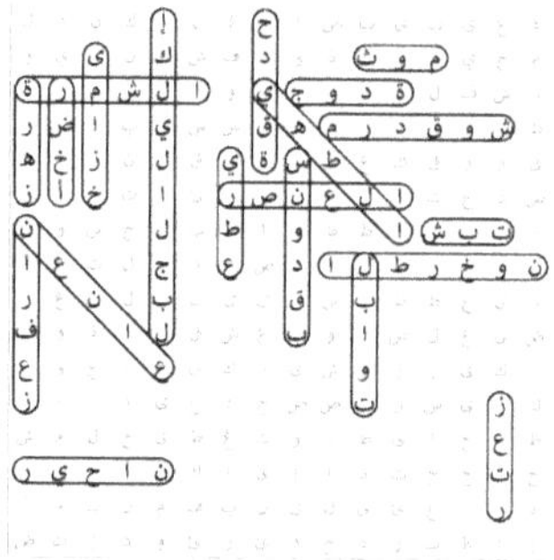

44 - Danza

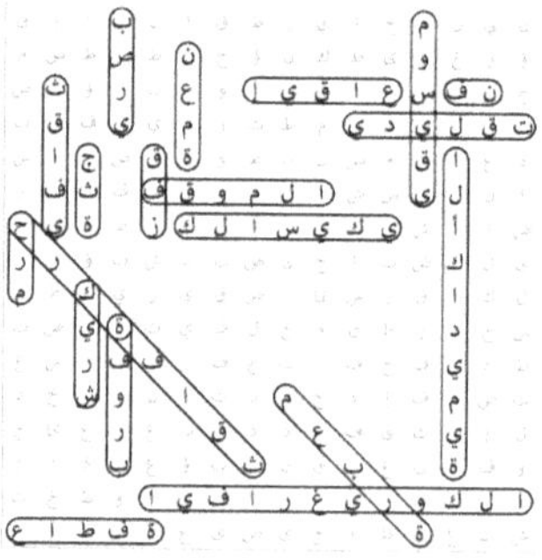

45 - Biologia

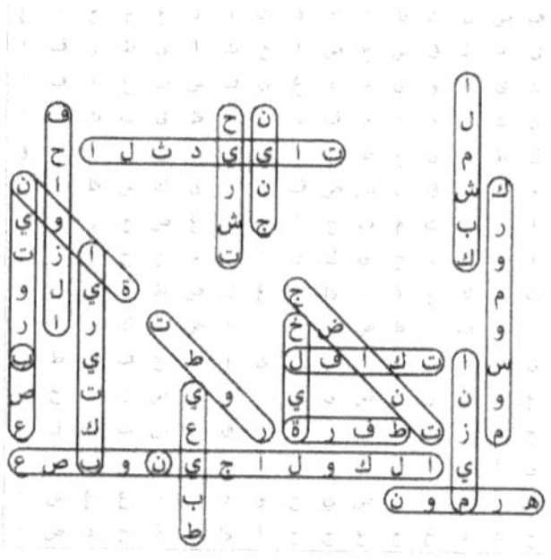

46 - Attività Commerciale

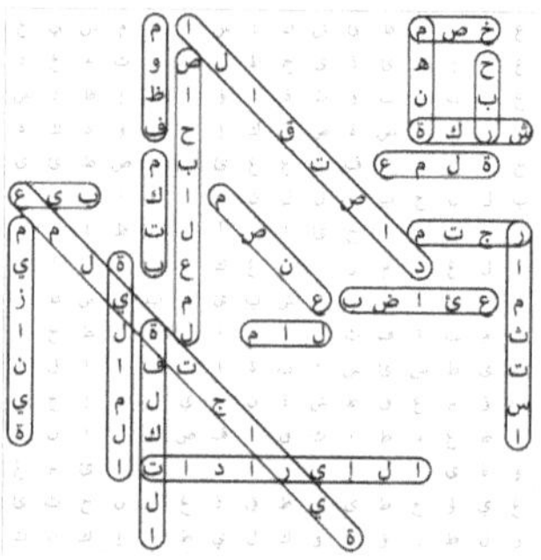

47 - Fiori

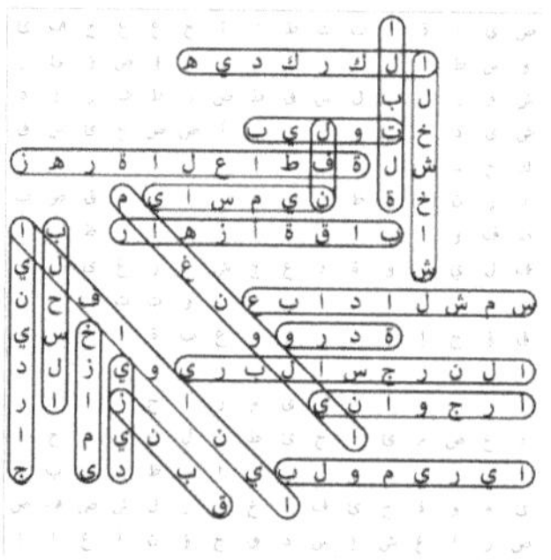

48 - Ecologia

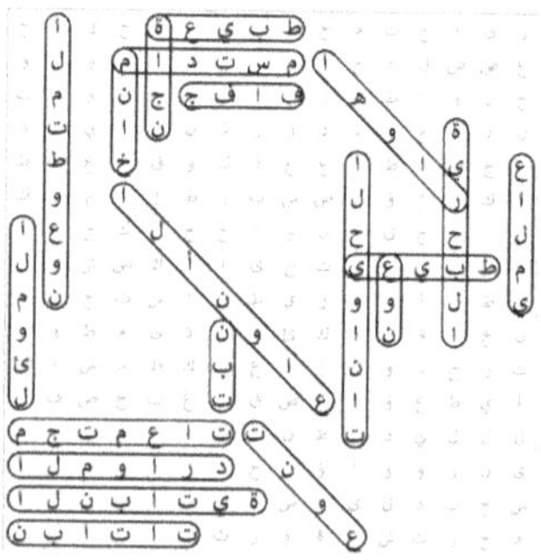

49 - Discipline Scientifiche

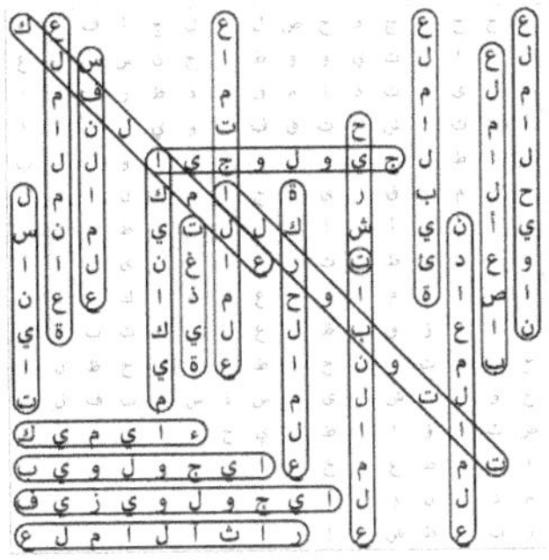

50 - Boxe

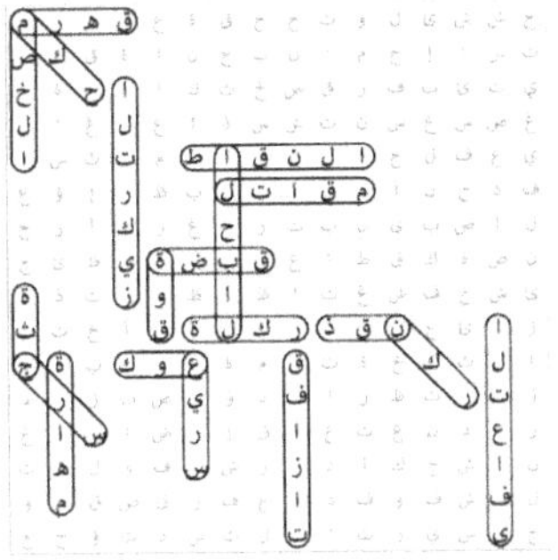

51 - Imbarcazioni

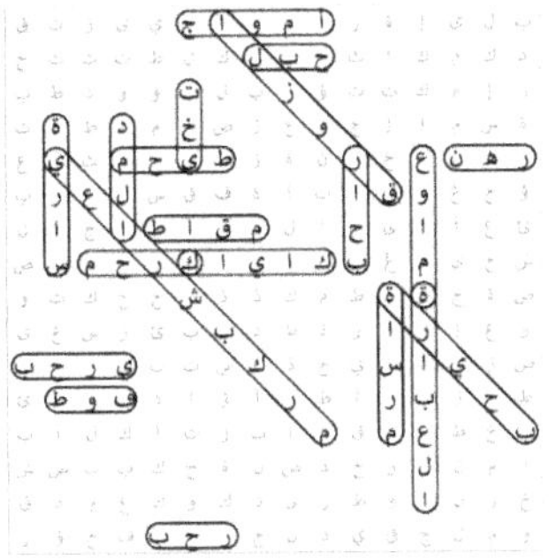

52 - Chimica

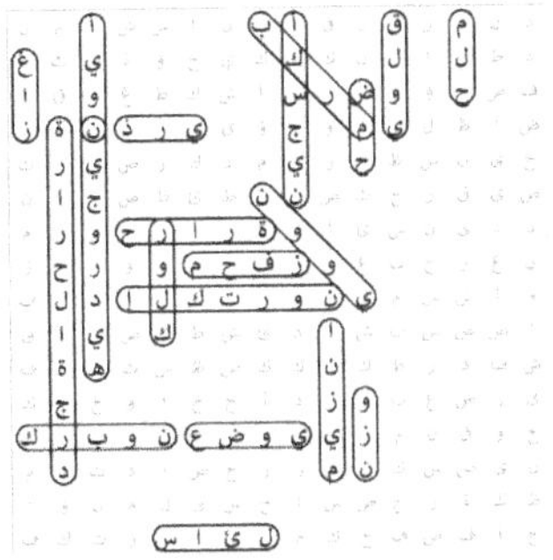

53 - Api

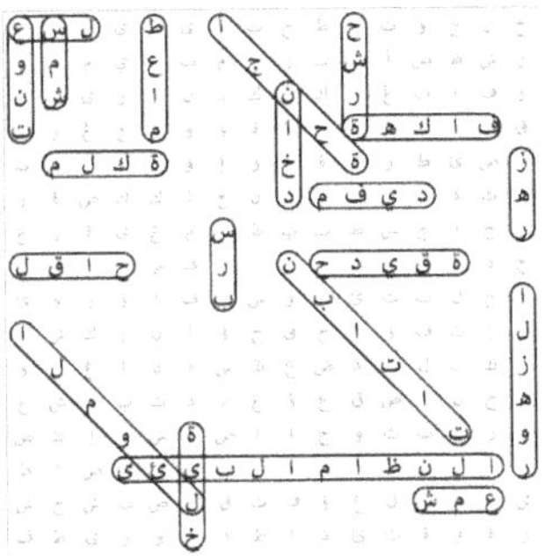

54 - Strumenti Musicali

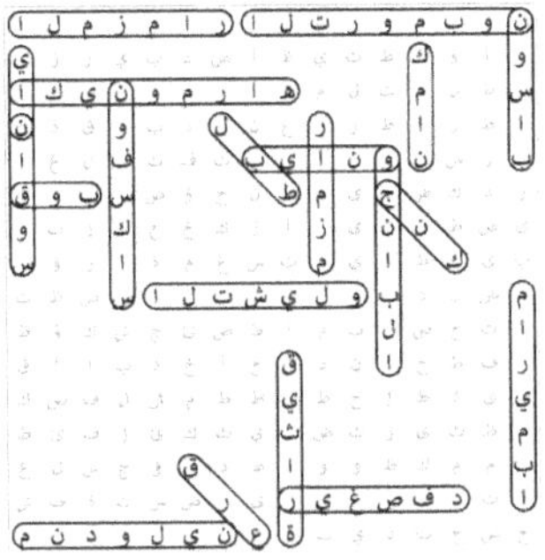

55 - Professioni #2

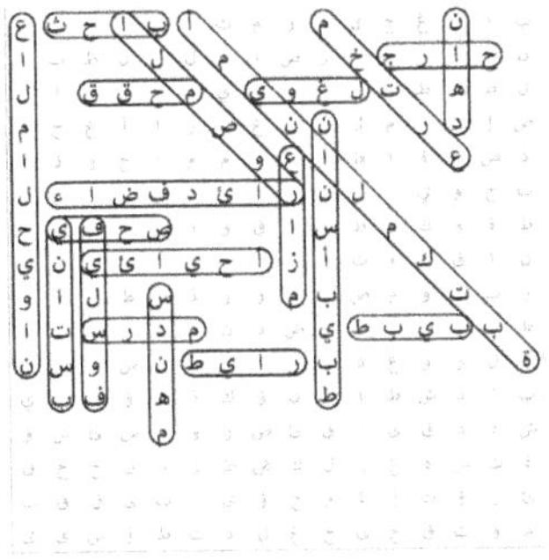

56 - Letteratura

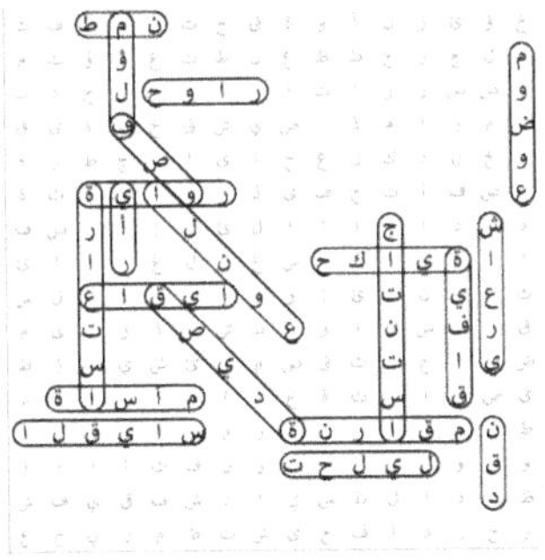

57 - Cibo #2

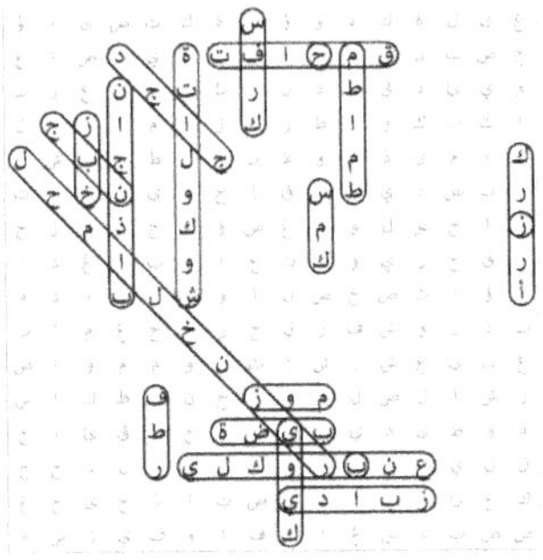

58 - Nutrizione

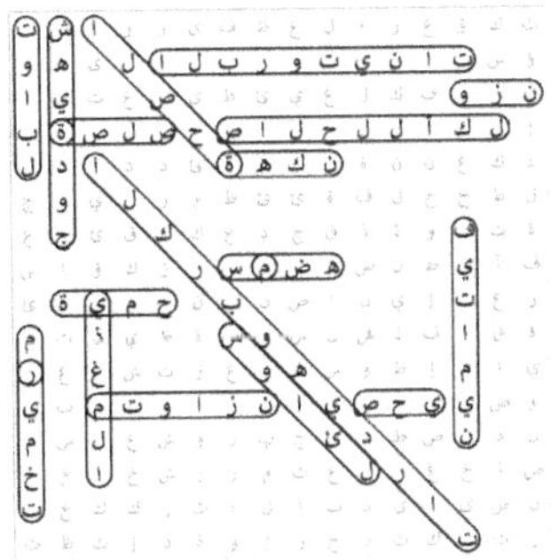

59 - Matematica

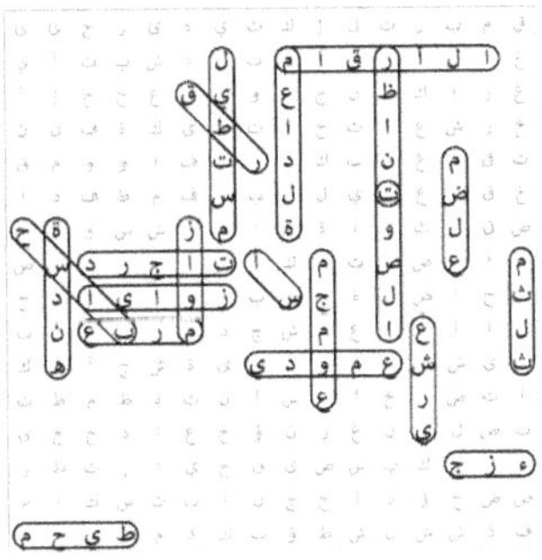

60 - Meditazione

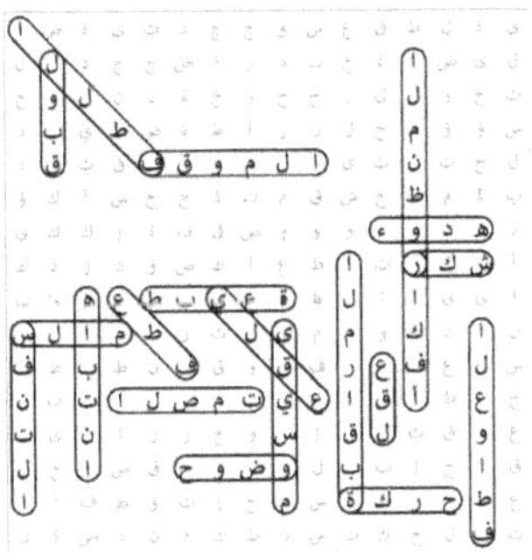

61 - Antiquariato

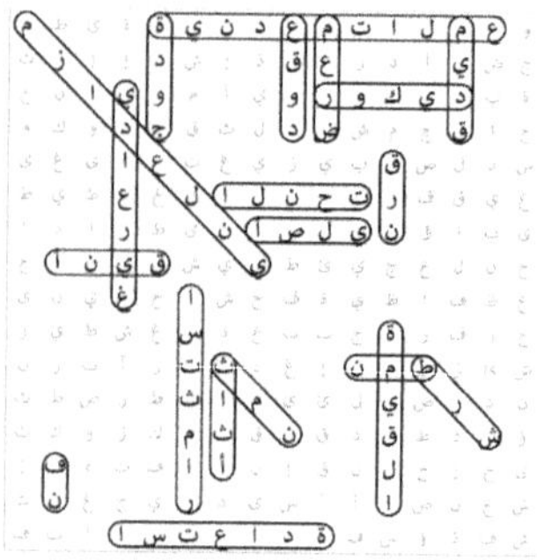

62 - Escursionismo

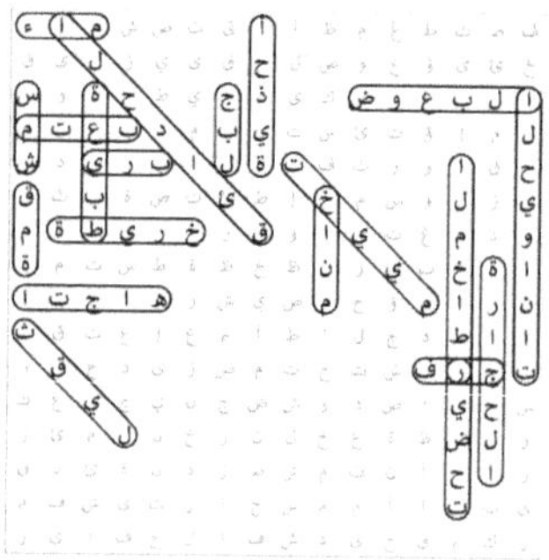

63 - Professioni #1

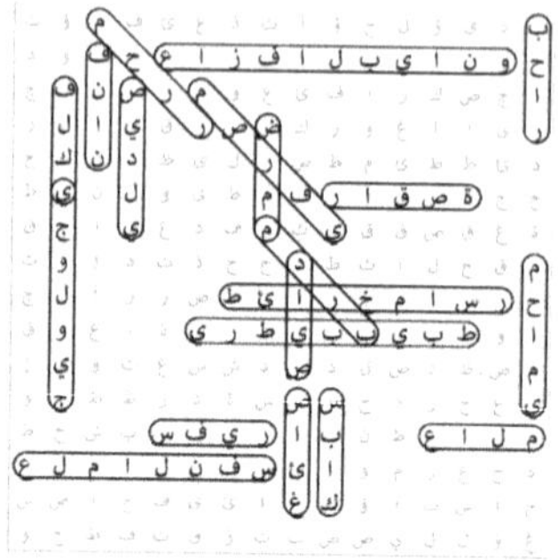

64 - Antartide

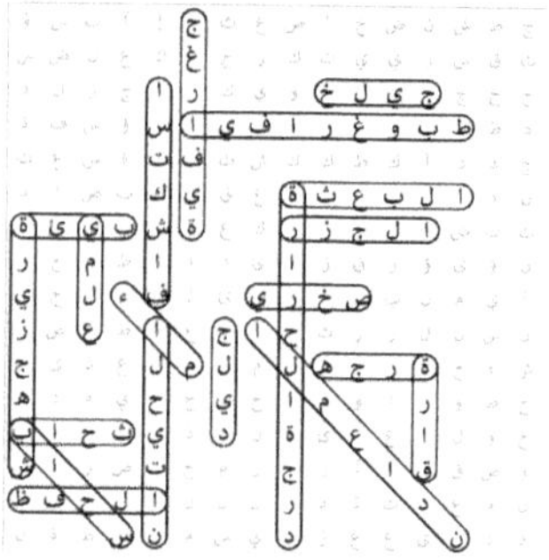

65 - Libri

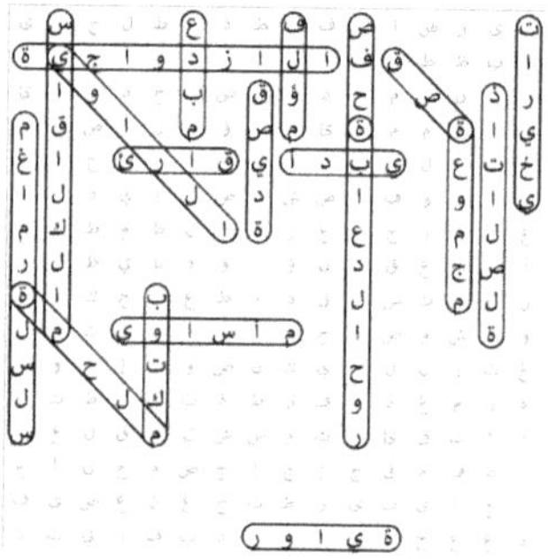

66 - Geografia

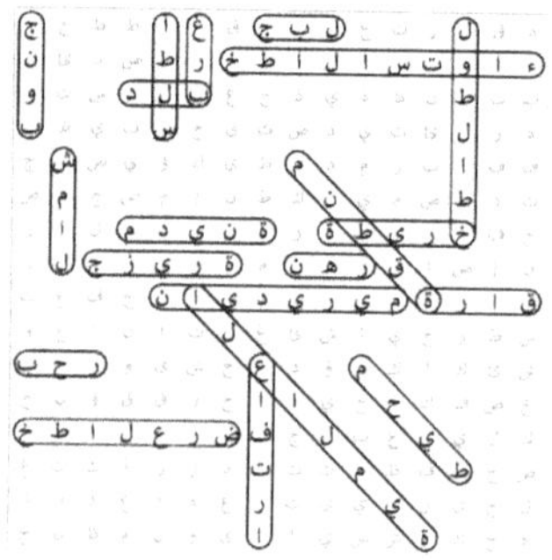

67 - Cibo #1

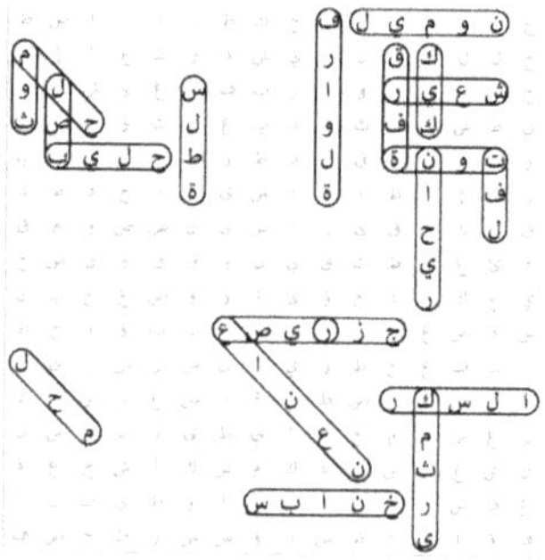

68 - Etica

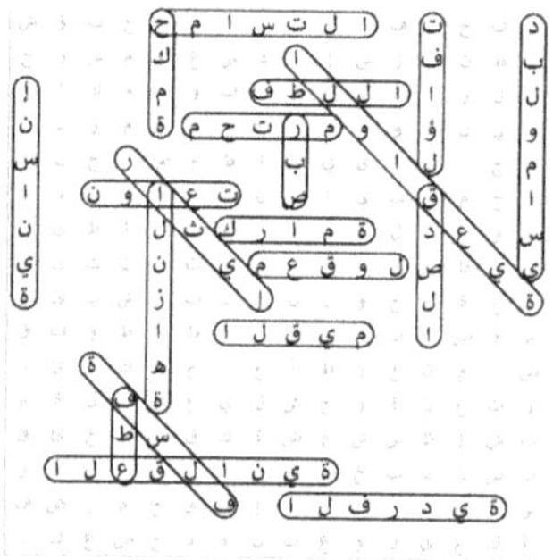

69 - Aeroplani

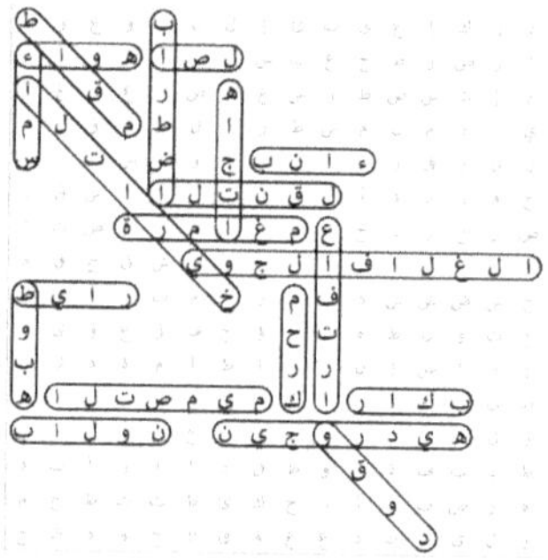

70 - Governo

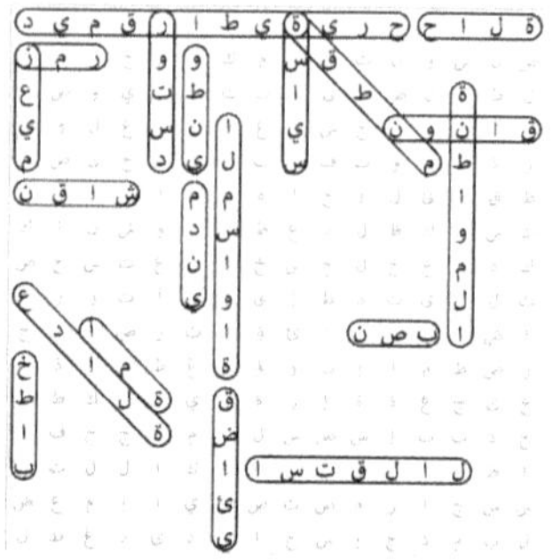

71 - Colori

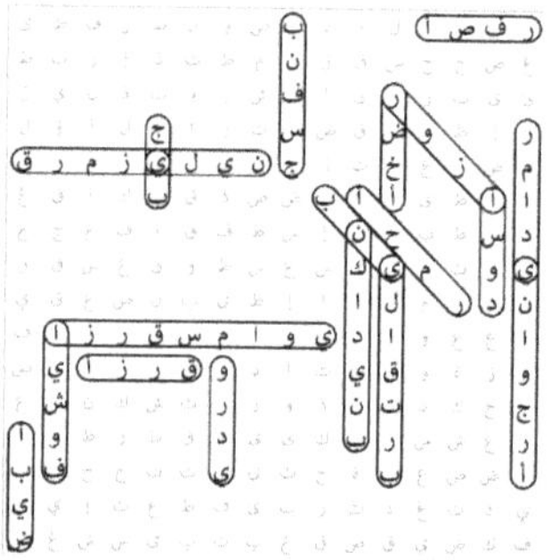

72 - Bellezza

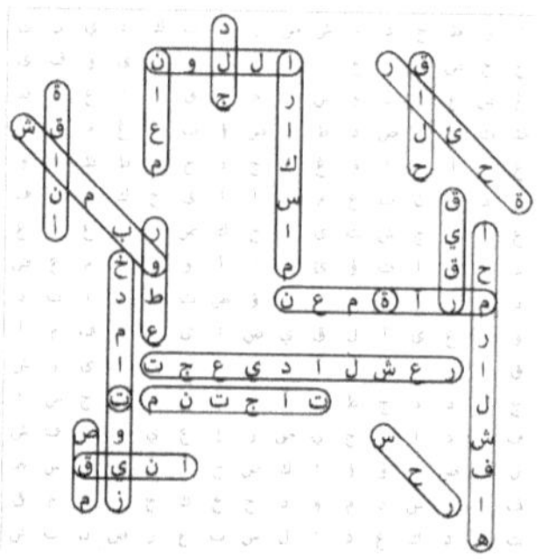

73 - Avventura

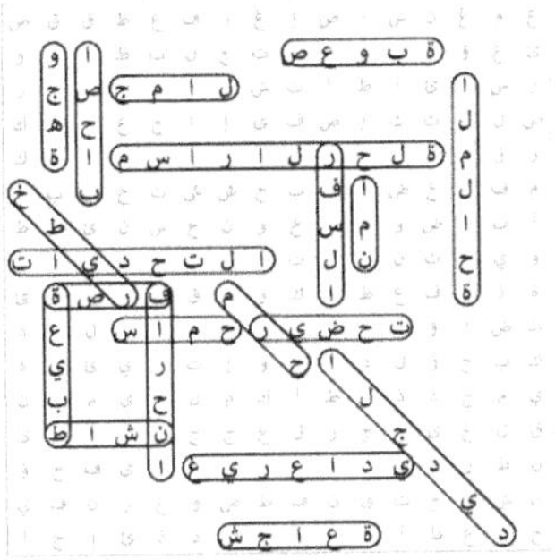

74 - Oceano

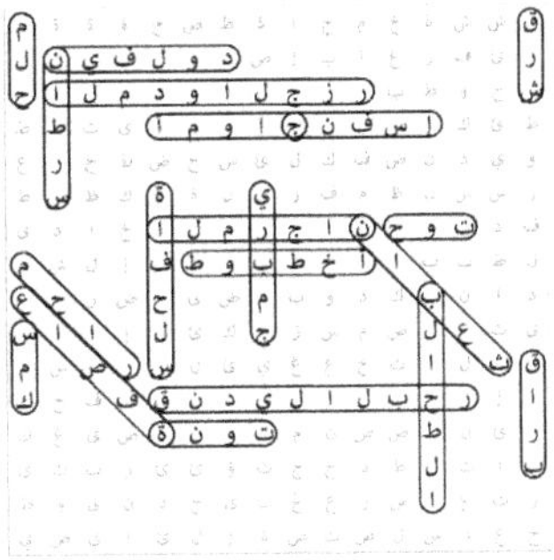

75 - Famiglia

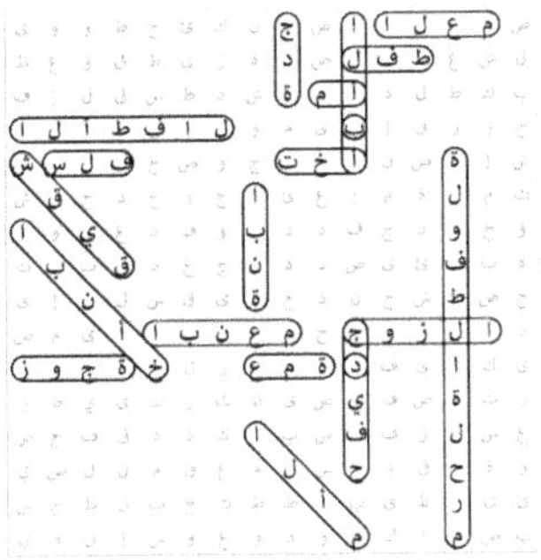

76 - Creatività

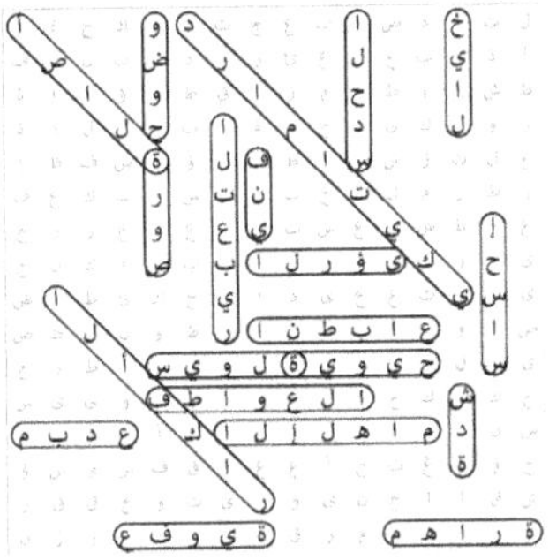

77 - Veicoli

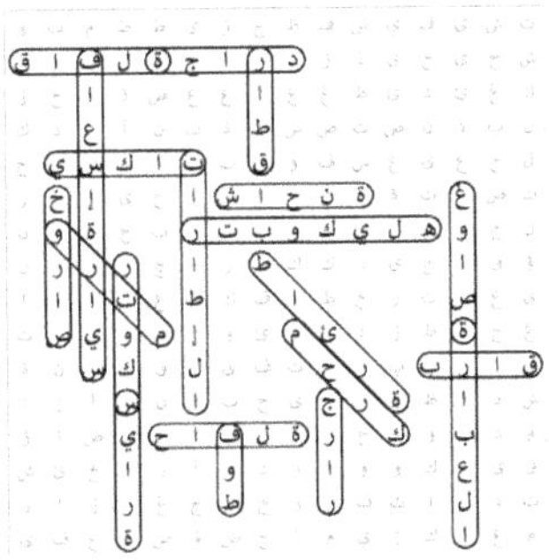

78 - Natura

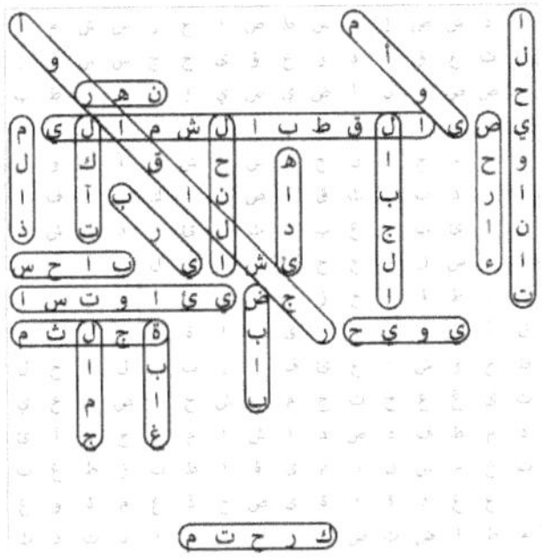

79 - Balletto

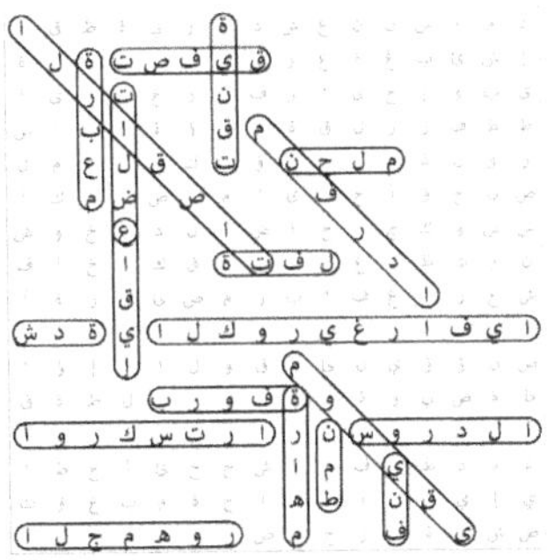

80 - Paesi #1

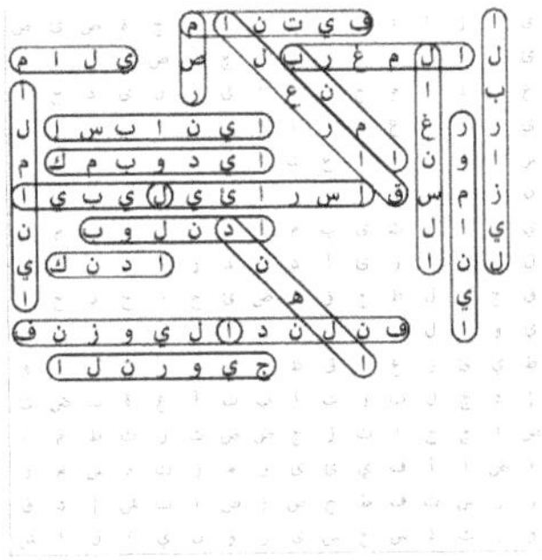

81 - Geometria

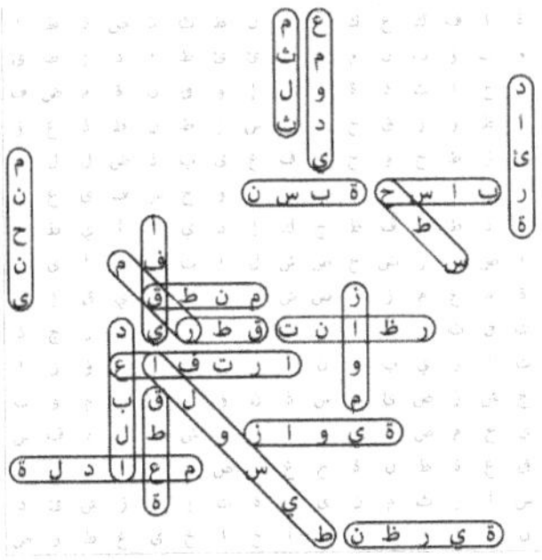

82 - Foresta Pluviale

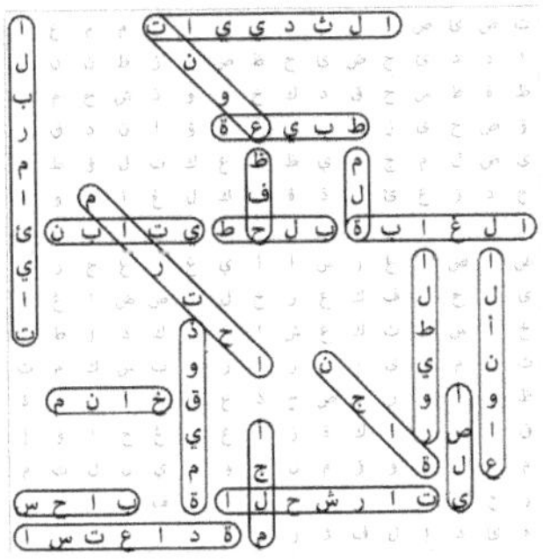

83 - Edifici

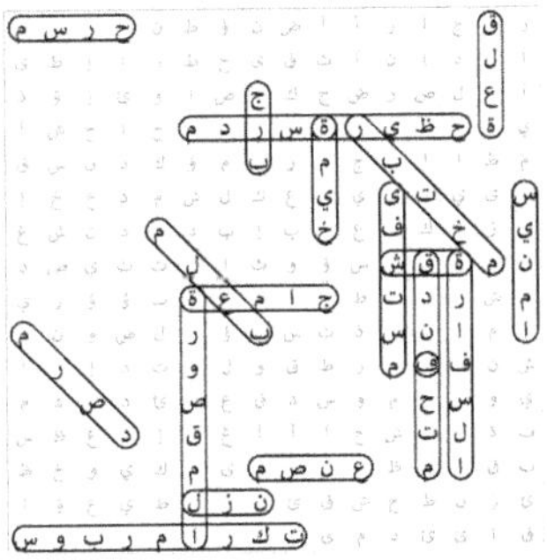

84 - Malattia

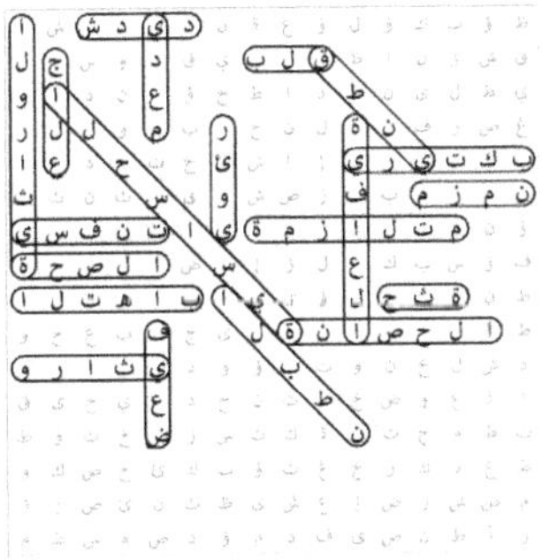

85 - Paesi #2

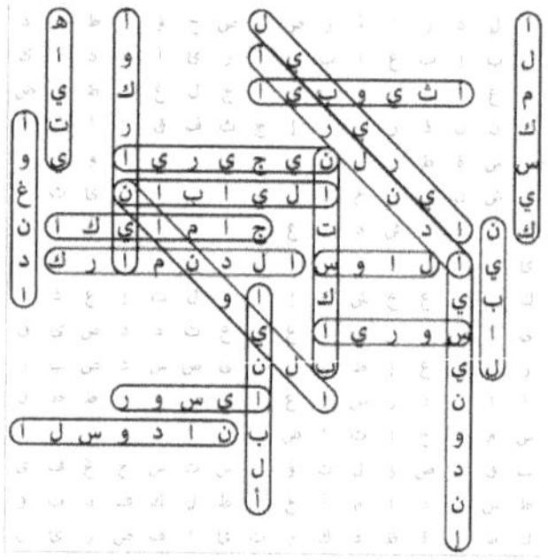

86 - Tipi di Capelli

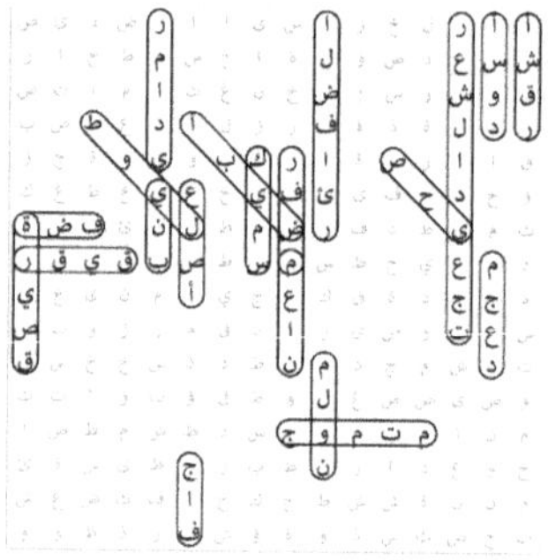

87 - Vestiti

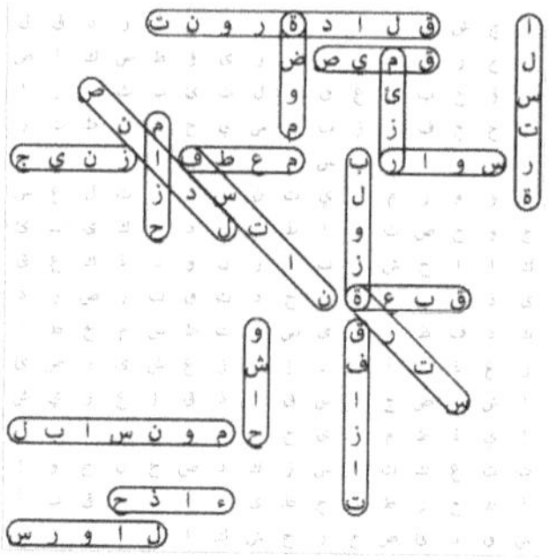

88 - Attività e Tempo Libero

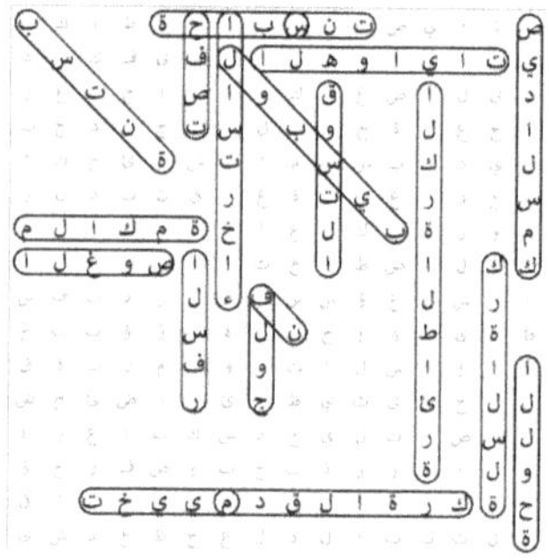

89 - Arte

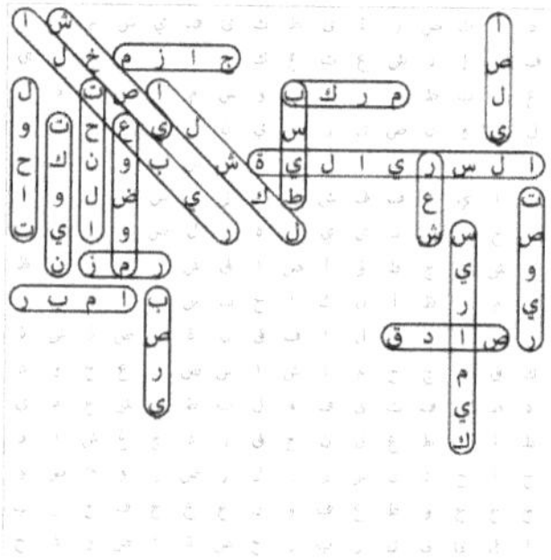

90 - Meteo

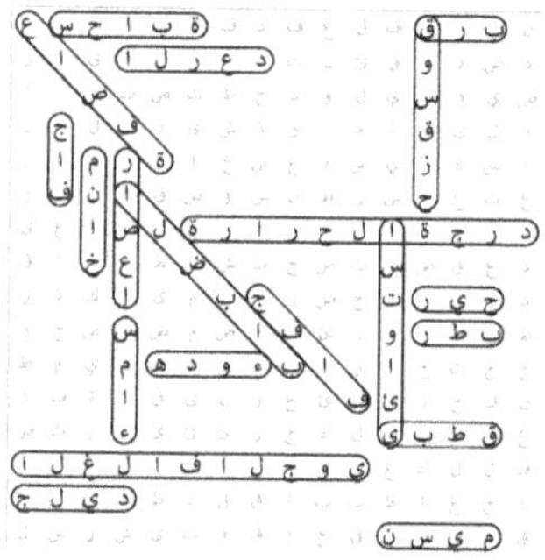

91 - Corpo Umano

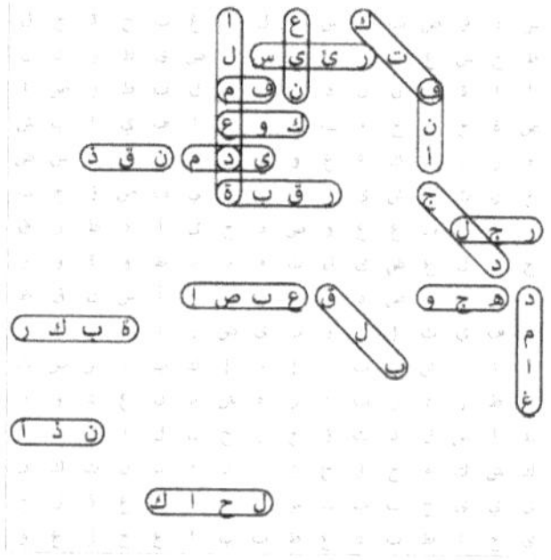

92 - Mammiferi

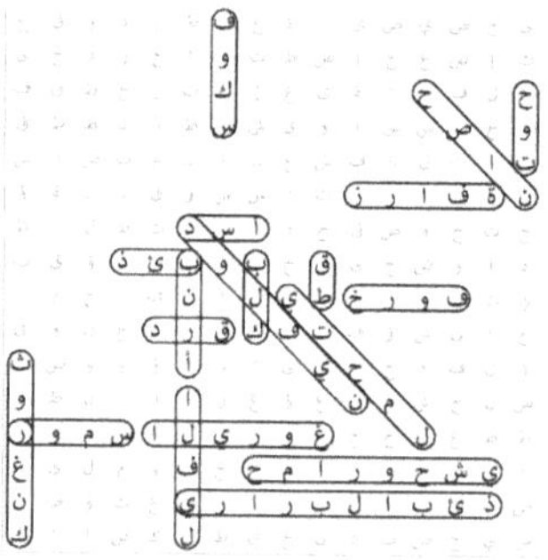

93 - Cucina

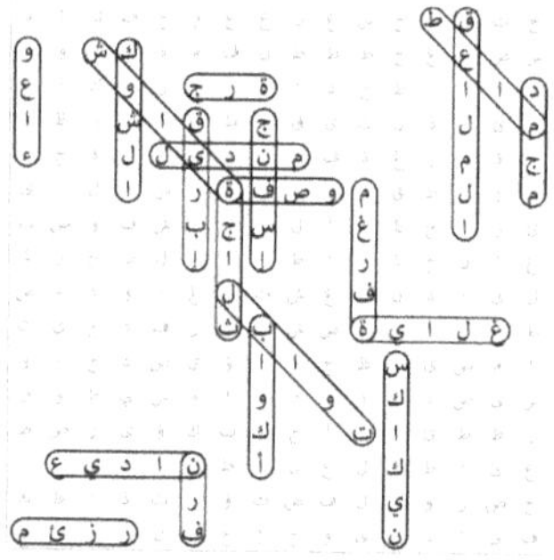

94 - Giardinaggio

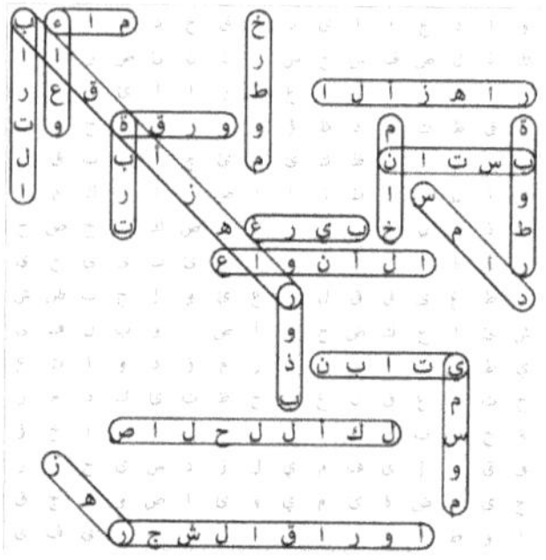

95 - Jazz

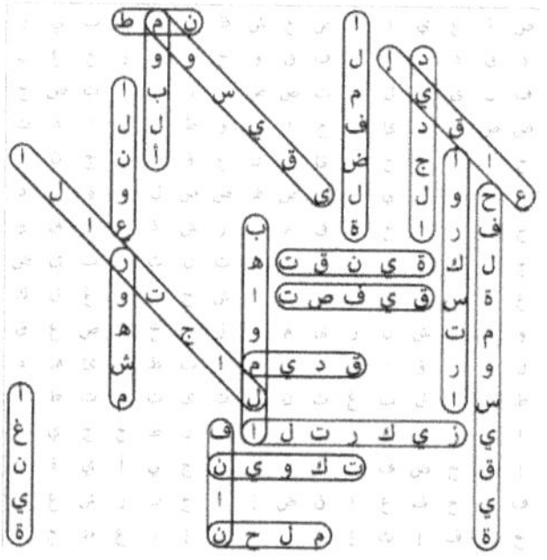

96 - Vacanze #2

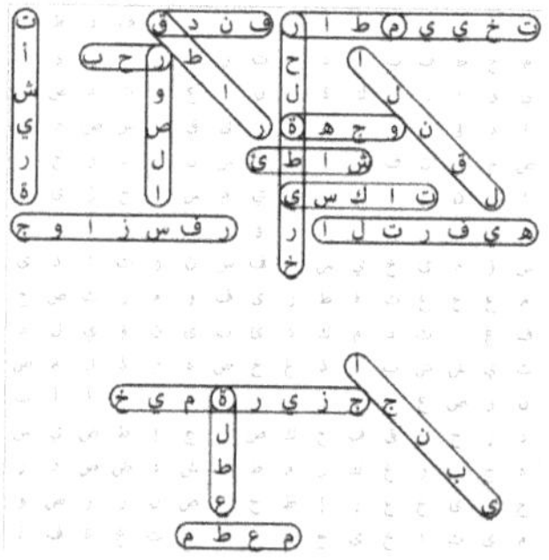

97 - Attività

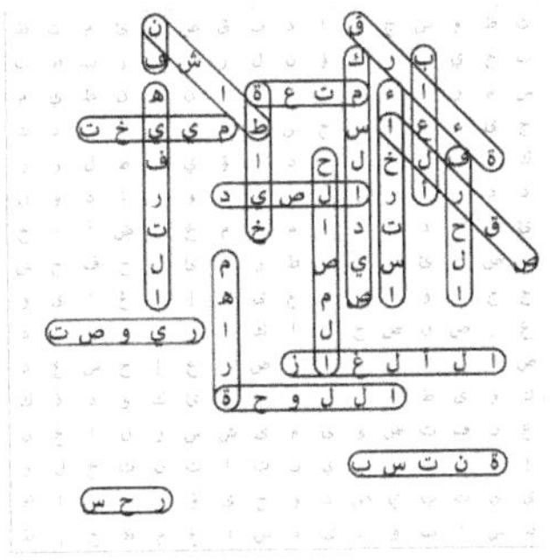

98 - Diplomazia

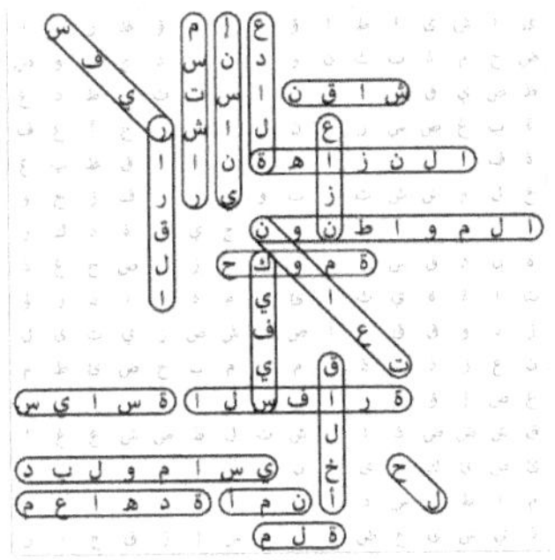

99 - Forniture Artistiche

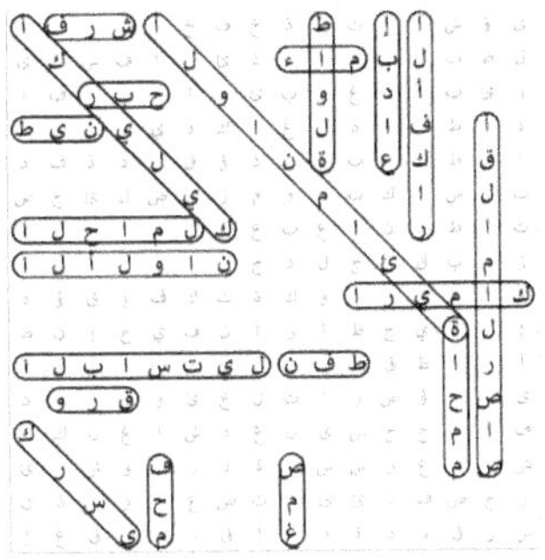

100 - Misurazioni

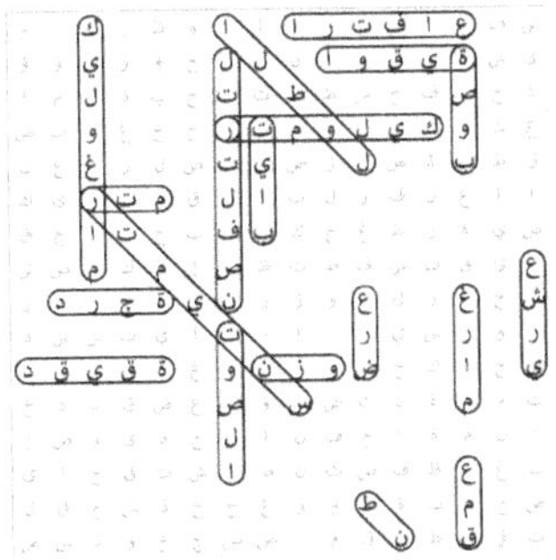

Dizionario

Aeroplani
الطائرات

Altezza	ارتفاع
Aria	هواء
Atmosfera	الغلاف الجوي
Atterraggio	هبوط
Avventura	مغامرة
Carburante	وقود
Cielo	سماء
Costruzione	بناء
Design	التصميم
Direzione	اتجاه
Discesa	اصل
Equipaggio	طاقم
Idrogeno	هيدروجين
Motore	محرك
Navigare	التنقل
Palloncino	بالون
Passeggero	راكب
Pilota	طيار
Storia	التاريخ
Turbolenza	اضطراب

Aggettivi #1
الصفات #1

Ambizioso	طموح
Aromatico	عطري
Artistico	فني
Assoluto	مطلق
Attivo	نشط
Enorme	ضخم
Esotico	غريب
Generoso	كريم
Giovane	شاب
Grande	كبير
Identico	متطابقة
Importante	مهم
Lento	بطيء
Lungo	طويل
Moderno	حديث
Onesto	صادق
Perfetto	كامل
Pesante	ثقيل
Prezioso	ذو قيمة
Sottile	رقيق

Aggettivi #2
الصفات #2

Affamato	جائع
Asciutto	جاف
Autentico	أصلي
Creativo	خلاق
Descrittivo	وصفي
Dolce	حلو
Drammatico	دراماتيكي
Elegante	أنيق
Famoso	مشهور
Forte	قوي
Interessante	مشوق
Naturale	طبيعي
Normale	عادي
Nuovo	الجديد
Orgoglioso	فخور
Produttivo	إنتاجي
Puro	نقي
Responsabile	مسؤول
Salato	مالح
Sano	صحي

Agronomia
الهندسة الزراعية

Acqua	ماء
Agricoltura	زراعة
Ambiente	بيئة
Cibo	طعام
Crescita	نمو
Ecologia	علم البيئة
Energia	طاقة
Erosione	تآكل
Fertilizzante	سماد
Identificazione	هوية
Inquinamento	التلوث
Malattie	الأمراض
Organico	عضوي
Produzione	إنتاج
Ricerca	بحث
Rurale	قروي
Scienza	علم
Semi	بذور
Sistemi	الأنظمة
Suolo	تربة

Algebra
الجبر

Diagramma	رسم بياني
Equazione	معادلة
Esponente	أس
Falso	خطأ
Fattore	عامل
Frazione	جزء
Grafico	الرسم البياني
Infinito	لانهائي
Lineare	خطي
Matrice	مصفوفة
Numero	رقم
Parentesi	قوس
Problema	مشكلة
Quantità	كمية
Semplificare	تبسيط
Soluzione	حل
Somma	مجموع
Sottrazione	الطرح
Variabile	متغير
Zero	صفر

Antartide
القارة القطبية الجنوبية

Acqua	ماء
Ambiente	بيئة
Baia	خليج
Balene	الحيتان
Conservazione	الحفظ
Continente	قارة
Esplorazione	استكشاف
Geografia	جغرافية
Ghiaccio	جليد
Isole	الجزر
Migrazione	هجرة
Minerali	المعادن
Nuvole	سحاب
Penisola	شبه جزيرة
Ricercatore	باحث
Roccioso	صخري
Scientifico	علمي
Spedizione	البعثة
Temperatura	درجة الحرارة
Topografia	طبوغرافيا

Antiquariato
التحف

Arte	فن
Asta	مزاد علني
Autentico	أصلي
Condizione	شرط
Decenni	عقود
Decorativo	ديكور
Elegante	أنيق
Galleria	معرض
Insolito	غير عادي
Investimento	استثمار
Mobilio	أثاث
Monete	عملات معدنية
Prezzo	ثمن
Qualità	جودة
Restauro	استعادة
Scultura	النحت
Secolo	قرن
Stile	نمط
Valore	القيمة
Vecchio	قديم

Api
النحل

Ali	أجنحة
Alveare	خلية
Benefico	مفيد
Cera	شمع
Cibo	طعام
Diversità	تنوع
Ecosistema	النظام البيئي
Fiori	الزهور
Fiorire	زهر
Frutta	فاكهة
Fumo	دخان
Giardino	حديقة
Habitat	الموئل
Insetto	حشرة
Miele	عسل
Piante	نباتات
Polline	لقاح
Regina	ملكة
Sciame	سرب
Sole	شمس

Archeologia
علم الآثار

Analisi	تحليل
Antico	قديم
Ceramica	فخار
Civiltà	الحضارة
Dimenticato	منسي
Discendente	سليل
Era	عصر
Esperto	خبير
Fossile	حفرية
Mistero	لغز
Oggetti	الكائنات
Ossa	عظام
Professore	أستاذ
Reliquia	بقايا
Ricercatore	باحث
Sconosciuto	غير معروف
Squadra	فريق
Tempio	معبد
Tomba	قبر
Valutazione	تقييم

Arte
الفن

Ceramica	سيراميك
Complesso	مركب
Composizione	تكوين
Dipinti	لوحات
Espressione	التعبير
Figura	الشكل
Ispirato	ربما
Onesto	صادق
Originale	أصلي
Personale	شخصي
Poesia	شعر
Ritrarre	تصوير
Scultura	النحت
Semplice	بسيط
Simbolo	رمز
Soggetto	موضوع
Surrealismo	السريالية
Umore	مزاج
Visivo	بصري

Astronomia
علم الفلك

Asteroide	الكويكب
Astronauta	رائد فضاء
Astronomo	فلكي
Cielo	سماء
Cosmo	عالم
Costellazione	كوكبة
Equinozio	الاعتدال
Gravità	جاذبية
Luna	قمر
Meteora	نيزك
Nebulosa	سديم
Osservatorio	مرصد
Pianeta	كوكب
Radiazione	إشعاع
Razzo	صاروخ
Supernova	سوبرنوفا
Telescopio	مقراب
Terra	أرض
Universo	كون
Zodiaco	البروج

Attività
الأنشطة

Abilità	مهارة
Arte	فن
Artigianato	الحرف
Attività	نشاط
Caccia	الصيد
Campeggio	تخييم
Cucire	خياطة
Danza	الرقص
Fotografia	تصوير
Giardinaggio	بستنة
Giochi	ألعاب
Interessi	المصالح
Lettura	قراءة
Magia	سحر
Pesca	صيد السمك
Piacere	متعة
Pittura	اللوحة
Puzzle	الألغاز
Rilassamento	استرخاء
Tempo Libero	الترفيه

Attività Commerciale
الأعمال

Bilancio	ميزانية
Carriera	مهنة
Costo	التكلفة
Datore di Lavoro	صاحب العمل
Dipendente	موظف
Economia	الاقتصاد
Fabbrica	مصنع
Finanza	المالية
Investimento	استثمار
Merce	بضائع
Negozio	متجر
Profitto	ربح
Reddito	الإيرادات
Sconto	خصم
Società	شركة
Soldi	مال
Transazione	عملية تجارية
Ufficio	مكتب
Valuta	عملة
Vendita	بيع

Attività e Tempo Libero
الأنشطة والترفيه

Arte	فن
Baseball	بيسبول
Basket	كرة السلة
Boxe	ملاكمة
Calcio	كرة القدم
Campeggio	تخييم
Giardinaggio	بستنة
Golf	جولف
Hobby	الهوايات
Immersione	الغوص
Nuoto	سباحة
Pallavolo	الكرة الطائرة
Pesca	صيد السمك
Pittura	اللوحة
Rilassante	الاسترخاء
Shopping	التسوق
Surf	تصفح
Tennis	تنس
Viaggio	السفر

Avventura
مغامرة

Amici	اصحاب
Attività	نشاط
Bellezza	جمال
Caso	فرصة
Coraggio	شجاعة
Destinazione	وجهة
Difficoltà	صعوبة
Entusiasmo	حماس
Escursione	انحراف
Gioia	مرح
Insolito	غير عادي
Itinerario	مسار الرحلة
Natura	طبيعة
Navigazione	الملاحة
Nuovo	الجديد
Pericoloso	خطير
Preparazione	تحضير
Sfide	التحديات
Sicurezza	أمن
Viaggi	السفر

Balletto
باليه

Abilità	مهارة
Applauso	تصفيق
Artistico	فني
Assolo	منفردا
Ballerini	الراقصات
Compositore	ملحن
Coreografia	الكوريغرافيا
Espressivo	معبرة
Gesto	لفتة
Intensità	شدة
Lezioni	الدروس
Muscoli	عضلات
Musica	موسيقى
Orchestra	أوركسترا
Prova	بروفة
Pubblico	الجمهور
Ritmo	إيقاع
Stile	نمط
Tecnica	تقنية

Barbecue
حفلات الشواء

Caldo	حار
Cena	عشاء
Cibo	طعام
Cipolle	بصل
Coltelli	سكاكين
Estate	صيف
Fame	جوع
Famiglia	أسرة
Frutta	فاكهة
Giochi	ألعاب
Griglia	شواية
Insalate	السلطات
Invito	دعوة
Musica	موسيقى
Pepe	فلفل
Pollo	دجاج
Pomodori	طماطم
Pranzo	غداء
Sale	ملح
Salsa	صلصة

Bellezza
بيوتي

Colore	اللون
Elegante	أنيق
Eleganza	أناقة
Fascino	سحر
Forbici	مقص
Fotogenico	رقيق
Fragranza	عطور
Grazia	نعمة
Liscio	ناعم
Mascara	ماسكارا
Oli	زيوت
Pelle	جلد
Prodotti	منتجات
Profumo	رائحة
Riccioli	تجعيد الشعر
Rossetto	أحمر الشفاه
Servizi	خدمات
Shampoo	شامبو
Specchio	مرآة
Stilista	حلاق

Biologia
علم الأحياء

Anatomia	تشريح
Batteri	بكتيريا
Cellula	خلية
Collagene	الكولاجين
Cromosoma	كروموسوم
Embrione	جنين
Enzima	انزيم
Evoluzione	تطور
Mammifero	الثدييات
Mutazione	طفرة
Naturale	طبيعي
Nervo	عصب
Neurone	عصبون
Nucleo	نواة
Ormone	هرمون
Osmosi	تناضح
Proteina	بروتين
Rettile	الزواحف
Simbiosi	تكافل
Sinapsi	المشبك

Boxe
ملاكمة

Abilità	مهارة
Angolo	ركن
Arbitro	حكم
Avversario	الخصم
Calcio	ركلة
Campana	جرس
Combattente	مقاتل
Corde	الحبال
Corpo	جثة
Esaurito	مرهق
Forza	قوة
Fuoco	التركيز
Gomito	كوع
Guanti	قفازات
Mento	ذقن
Pugno	قبضة
Punti	النقاط
Rapido	سريع
Recupero	التعافي

Caffè
قهوة

Acido	حمضي
Acqua	ماء
Amaro	مر
Arrostito	مشوي
Bevanda	مشروب
Caffeina	كافيين
Crema	كريم
Filtro	فلتر
Gusto	نكهة
Latte	حليب
Liquido	سائل
Macinare	طحن
Mattina	صباح
Nero	أسود
Origine	الأصل
Prezzo	ثمن
Tazza	كوب
Varietà	نوع
Zucchero	السكر

Campeggio
عسكرة

Alberi	الأشجار
Amaca	أرجوحة
Animali	الحيوانات
Avventura	مغامرة
Bussola	بوصلة
Cabina	المقصورة
Caccia	الصيد
Canoa	الزورق
Cappello	قبعة
Corda	حبل
Divertimento	مرح
Foresta	غابة
Fuoco	نار
Insetto	حشرة
Lago	بحيرة
Luna	قمر
Mappa	خريطة
Montagna	جبل
Natura	طبيعة
Tenda	خيمة

Casa
منزل

Attico	علية
Biblioteca	مكتبة
Camera	غرفة
Camino	مدفأة
Chiavi	مفاتيح
Cucina	مطبخ
Doccia	دش
Finestra	نافذة
Garage	كراج
Giardino	حديقة
Lampada	مصباح
Parete	حائط
Pavimento	أرضية
Porta	باب
Recinto	سياج
Rubinetto	صنبور
Scopa	مكنسة
Specchio	مرآة
Tappeto	سجادة
Tetto	سقف

Chimica
كيمياء

Acido	حمض
Alcalino	قلوي
Atomico	ذري
Calore	حرارة
Carbonio	كربون
Catalizzatore	محفز
Cloro	كلور
Elettrone	إلكترون
Enzima	انزيم
Gas	غاز
Idrogeno	هيدروجين
Ione	أيون
Liquido	سائل
Molecola	مركب
Nucleare	نووي
Organico	عضوي
Ossigeno	أكسجين
Peso	وزن
Sale	ملح
Temperatura	درجة الحرارة

Cibo #1
الغذاء #1

Aglio	ثوم
Basilico	ريحان
Cannella	قرفة
Carne	لحم
Carota	جزر
Cipolla	بصل
Fragola	فراولة
Insalata	سلطة
Latte	حليب
Limone	ليمون
Menta	نعناع
Orzo	شعير
Pera	كمثرى
Rapa	لفت
Sale	ملح
Spinaci	سبانخ
Succo	عصير
Tonno	تونة
Torta	كيك
Zucchero	السكر

Cibo #2
الغذاء #2

Banana	موز
Broccolo	بروكلي
Ciliegia	كرز
Cioccolato	شوكولاتة
Formaggio	جبن
Fungo	فطر
Grano	قمح
Kiwi	كيوي
Mela	تفاح
Melanzana	باذنجان
Pane	خبز
Pesce	سمك
Pollo	دجاج
Pomodoro	طماطم
Prosciutto	لحم الخنزير
Riso	أرز
Sedano	كرفس
Uovo	بيضة
Uva	عنب
Yogurt	زبادي

Città
مدينة

Aeroporto	مطار
Banca	بنك
Biblioteca	مكتبة
Cinema	سينما
Clinica	عيادة
Farmacia	صيدلية
Fiorista	منسق زهور
Galleria	معرض
Hotel	فندق
Mercato	سوق
Museo	متحف
Negozio	خزن
Panetteria	مخبز
Ristorante	مطعم
Scuola	مدرسة
Stadio	ملعب
Supermercato	سوبر ماركت
Teatro	مسرح
Università	جامعة
Zoo	حديقة حيوان

Colori
الألوان

Arancia	برتقالي
Azzurro	أزور
Beige	بيج
Bianco	أبيض
Blu	أزرق
Ciano	ازرق سماوي
Cremisi	قرمزي
Fucsia	فوشيا
Giallo	أصفر
Grigio	رمادي
Indaco	نيلي
Marrone	بني
Nero	أسود
Rosa	وردي
Rosso	أحمر
Seppia	بني داكن
Verde	أخضر
Viola	أرجواني
Viola	بنفسج

Corpo Umano
جسم الإنسان

Bocca	فم
Caviglia	كاحل
Cervello	دماغ
Collo	رقبة
Cuore	قلب
Dito	إصبع
Faccia	وجه
Gamba	رجل
Ginocchio	ركبة
Gomito	كوع
Mano	يد
Mento	ذقن
Naso	أنف
Occhio	عين
Orecchio	أذن
Pelle	جلد
Sangue	دم
Spalla	كتف
Stomaco	المعدة
Testa	رئيس

Creatività
الإبداع

Abilità	مهارة
Artistico	فني
Autenticità	أصالة
Chiarezza	وضوح
Drammatico	دراماتيكي
Emozioni	العواطف
Espressione	التعبير
Fluidità	سيولة
Idee	الأفكار
Immaginazione	خيال
Immagine	صورة
Impressione	انطباع
Intensità	شدة
Intuizione	الحدس
Inventivo	مبدع
Ispirazione	الإلهام
Sensazione	إحساس
Spontaneo	عفوية
Visioni	الرؤى
Vitalità	حيوية

Cucina
مطبخ

Bacchette	عيدان
Bollitore	غلاية
Brocca	إبريق
Cibo	طعام
Ciotola	وعاء
Coltelli	سكاكين
Congelatore	مجمد
Cucchiai	الملاعق
Forchette	الشوك
Forno	فرن
Frigorifero	ثلاجة
Grembiule	مئزر
Griglia	شواية
Mestolo	مغرفة
Ricetta	وصفة
Spezie	توابل
Spugna	إسفنج
Tazze	أكواب
Tovagliolo	منديل
Vaso	جرة

Danza
الرقص

Accademia	الأكاديمية
Arte	فن
Classico	كلاسيكي
Compagno	شريك
Coreografia	الكوريغرافيا
Corpo	جثة
Cultura	ثقافة
Culturale	ثقافي
Emozione	عاطفة
Espressivo	معبرة
Gioioso	مرح
Grazia	نعمة
Movimento	حركة
Musica	موسيقى
Postura	الموقف
Prova	بروفة
Ritmo	إيقاع
Salto	قفز
Tradizionale	تقليدي
Visivo	بصري

Diplomazia
الدبلوماسية

Ambasciata	السفارة
Ambasciatore	سفير
Cittadini	المواطنون
Civico	سيفيك
Comunità	ملة
Conflitto	نزاع
Consigliere	مستشار
Cooperazione	تعاون
Diplomatico	دبلوماسي
Discussione	نقاش
Etica	أخلاق
Giustizia	عدالة
Governo	حكومة
Integrità	النزاهة
Politica	سياسة
Risoluzione	القرار
Sicurezza	أمن
Soluzione	حل
Trattato	معاهدة
Umanitario	إنساني

Discipline Scientifiche
التخصصات العلمية

Anatomia	تشريح
Archeologia	علم الآثار
Astronomia	علم الفلك
Biologia	بيولوجيا
Botanica	علم النبات
Chimica	كيمياء
Ecologia	علم البيئة
Fisiologia	فيزيولوجيا
Geologia	جيولوجيا
Immunologia	علم المناعة
Kinesiologia	علم الحركة
Linguistica	لسانيات
Meccanica	ميكانيك
Mineralogia	علم المعادن
Neurologia	علم الأعصاب
Nutrizione	تغذية
Psicologia	علم النفس
Robotica	الروبوتات
Sociologia	علم الاجتماع
Zoologia	علم الحيوان

Ecologia
علم البيئة

Clima	مناخ
Comunità	مجتمعات
Diversità	تنوع
Fauna	الحيوانات
Flora	النباتية
Globale	عالمي
Habitat	الموئل
Marino	البحرية
Natura	طبيعة
Naturale	طبيعي
Palude	اهوار
Piante	نباتات
Risorse	الموارد
Siccità	جفاف
Sopravvivenza	نجاة
Sostenibile	مستدام
Specie	الأنواع
Varietà	نوع
Vegetazione	نبت
Volontari	المتطوعون

Edifici
المباني

Ambasciata	السفارة
Appartamento	شقة
Cabina	المقصورة
Castello	قلعة
Cinema	سينما
Fabbrica	مصنع
Fienile	حظيرة
Hotel	فندق
Laboratorio	مختبر
Museo	متحف
Ospedale	مستشفى
Osservatorio	مرصد
Ostello	نزل
Scuola	مدرسة
Stadio	ملعب
Supermercato	سوبر ماركت
Teatro	مسرح
Tenda	خيمة
Torre	برج
Università	جامعة

Energia
الطاقة

Ambiente	بيئة
Batteria	البطارية
Benzina	بنزين
Calore	حرارة
Carbonio	كربون
Carburante	وقود
Diesel	ديزل
Elettrico	كهربائي
Elettrone	إلكترون
Entropia	غير قادر علي
Fotone	فوتون
Idrogeno	هيدروجين
Industria	صناعة
Inquinamento	التلوث
Motore	محرك
Nucleare	نووي
Rinnovabile	قابل للتجديد
Turbina	التوربينات
Vapore	بخار
Vento	ريح

Erboristeria
الأعشاب

Aglio	ثوم
Aneto	شبت
Aromatico	عطري
Basilico	ريحان
Culinario	الطهي
Dragoncello	الطرخون
Finocchio	الشمرة
Fiore	زهرة
Giardino	حديقة
Ingrediente	العنصر
Lavanda	خزامى
Maggiorana	مردقوش
Menta	نعناع
Origano	توابل
Prezzemolo	بقدونس
Qualità	جودة
Rosmarino	إكليل الجبل
Timo	زعتر
Verde	أخضر
Zafferano	زعفران

Escursionismo
التنزه

Acqua	ماء
Animali	الحيوانات
Campeggio	تخييم
Clima	مناخ
Mappa	خريطة
Montagna	جبل
Natura	طبيعة
Orientamento	اتجاه
Parchi	الحدائق
Pericoli	المخاطر
Pesante	ثقيل
Pietre	الحجارة
Preparazione	تحضير
Scogliera	جرف
Selvaggio	بري
Sole	شمس
Stanco	متعب
Stivali	أحذية
Vertice	قمة
Zanzare	البعوض

Etica
الأخلاق

Altruismo	إيثار
Compassione	عطف
Cooperazione	تعاون
Dignità	كرامة
Diplomatico	دبلوماسي
Filosofia	فلسفة
Gentilezza	اللطف
Individualismo	الفردية
Integrità	النزاهة
Onestà	الصدق
Ottimismo	تفاؤل
Pazienza	صبر
Ragionevole	معقول
Razionalità	العقلانية
Realismo	الواقعية
Rispettoso	محترم
Saggezza	حكمة
Tolleranza	التسامح
Umanità	إنسانية
Valori	القيم

Famiglia
عائلة

Antenato	سلف
Bambini	الأطفال
Bambino	طفل
Cugino	ابن عم
Figlia	ابنة
Fratello	شقيق
Infanzia	مرحلة الطفولة
Madre	أم
Marito	الزوج
Materno	الأم
Moglie	زوجة
Nipote	ابن أخ
Nipote	حفيد
Nonna	جدة
Nonno	جد
Padre	أب
Paterno	الأب
Sorella	أخت
Zia	عمة
Zio	العم

Fantascienza
الخيال العلمي

Atomico	ذري
Cinema	سينما
Cloni	استنساخ
Esplosione	انفجار
Estremo	متطرف
Fantastico	رائع
Fuoco	نار
Futuristico	مستقبلية
Illusione	وهم
Immaginario	وهمي
Libri	الكتب
Misterioso	غامض
Mondo	العالمية
Oracolo	وحي
Pianeta	كوكب
Realistico	واقعي
Robot	الروبوتات
Scenario	السيناريو
Tecnologia	تقنية
Utopia	يوتوبيا

Fattoria #1
مزرعة #1

Acqua	ماء
Agricoltura	زراعة
Ape	نحلة
Asino	حمار
Campo	حقل
Cane	كلب
Capra	ماعز
Cavallo	حصان
Fertilizzante	سماد
Fieno	تبن
Gatto	قط
Gregge	قطيع
Maiale	خنزير
Miele	عسل
Mucca	بقرة
Pollo	دجاج
Recinto	سياج
Riso	أرز
Semi	بذور
Vitello	عجل

Fattoria #2
مزرعة #2

Agricoltore	مزارع
Anatra	بطة
Animali	الحيوانات
Cibo	طعام
Fienile	حظيرة
Frutta	فاكهة
Frutteto	بستان
Grano	قمح
Irrigazione	الري
Lama	لهب
Latte	حليب
Mais	حبوب ذرة
Maturo	ناضج
Oche	أوز
Orzo	شعير
Pastore	الراعي
Pecora	خروف
Prato	مرج
Trattore	جرار
Verdura	الخضروات

Fiori
زهور

Gardenia	جاردينيا
Gelsomino	ياسمين
Giglio	زنبق
Girasole	عباد الشمس
Ibisco	الكركديه
Lavanda	خزامى
Lilla	أرجواني
Magnolia	ماغنوليا
Margherita	ديزي
Mazzo	باقة أزهار
Narciso	النرجس البري
Orchidea	السحلب
Papavero	الخشخاش
Passiflora	زهرة العاطفة
Peonia	الفاوانيا
Petalo	البتلة
Plumeria	بلوميريا
Rosa	وردة
Trifoglio	نفل
Tulipano	توليب

Fisica
الفيزياء

Accelerazione	تسريع
Atomo	ذرة
Caos	فوضى
Densità	كثافة
Elettrone	إلكترون
Espansione	توسع
Formula	معادلة
Frequenza	تردد
Gas	غاز
Gravità	جاذبية
Magnetismo	المغناطيسية
Meccanica	ميكانيكا
Molecola	مركب
Motore	محرك
Nucleare	نووي
Particella	جسيم
Relatività	النسبية
Universale	عالمي
Variabile	متغير
Velocità	سرعة

Foresta Pluviale
الغابات المطيرة

Anfibi	البرمائيات
Botanico	نباتي
Clima	مناخ
Comunità	ملة
Diversità	تنوع
Giungla	الغابة
Indigeno	أصلي
Insetti	الحشرات
Mammiferi	الثدييات
Muschio	طحلب
Natura	طبيعة
Nuvole	سحاب
Preservazione	حفظ
Prezioso	ذو قيمة
Restauro	استعادة
Rifugio	ملجأ
Rispetto	احترام
Sopravvivenza	نجاة
Specie	الأنواع
Uccelli	الطيور

Forniture Artistiche
لوازم الفن

Acqua	ماء
Acquerelli	ألوان مائية
Acrilico	أكريليك
Argilla	طين
Carbone	فحم
Carta	ورق
Cavalletto	الحامل
Colla	صمغ
Colori	الألوان
Creatività	إبداع
Gomma	ممحاة
Idee	الأفكار
Inchiostro	حبر
Matite	أقلام الرصاص
Olio	نفط
Pastelli	الباستيل
Sedia	كرسي
Spazzole	فرش
Tavolo	طاولة
Telecamera	كاميرا

Forza e Gravità
القوة والجاذبية

Asse	محور
Attrito	احتكاك
Centro	المركز
Dinamico	متحرك
Distanza	بون
Espansione	توسع
Fisica	الفيزياء
Impatto	تأثير
Magnetismo	المغناطيسية
Meccanica	ميكانيكا
Movimento	حركة
Orbita	فلك
Peso	وزن
Pianeti	الكواكب
Pressione	ضغط
Proprietà	خصائص
Scoperta	اكتشاف
Tempo	الوقت
Universale	عالمي
Velocità	سرعة

Frutta
فاكهة

Albicocca	مشمش
Ananas	أناناس
Arancia	برتقالي
Avocado	أفوكادو
Bacca	بيري
Banana	موز
Ciliegia	كرز
Fico	تين
Kiwi	كيوي
Lampone	توت العليق
Limone	ليمون
Mango	مانجو
Mela	تفاح
Melone	شمام
Mora	بلاك بيري
Papaia	بابايا
Pera	كمثرى
Pesca	خوخ
Prugna	برقوق
Uva	عنب

Geografia
الجغرافيا

Altitudine	ارتفاع
Atlante	أطلس
Città	مدينة
Continente	قارة
Equatore	خط الاستواء
Fiume	نهر
Isola	جزيرة
Latitudine	خط العرض
Longitudine	خط الطول
Mappa	خريطة
Mare	بحر
Meridiano	ميريديان
Mondo	العالمية
Montagna	جبل
Nord	شمال
Oceano	محيط
Ovest	غرب
Paese	بلد
Regione	منطقة
Sud	جنوب

Geologia
جيولوجيا

Acido	حمض
Altopiano	هضبة
Calcio	الكلسيوم
Caverna	كهف
Continente	قارة
Corallo	المرجان
Cristalli	بلورات
Erosione	تآكل
Fossile	حفرية
Geyser	سخان
Lava	الحمم
Minerali	المعادن
Pietra	حجر
Quarzo	ورم
Sale	ملح
Stalagmiti	الصواعد
Strato	طبقة
Terremoto	زلزال
Vulcano	بركان
Zona	منطقة

Geometria
الهندسة

Altezza	ارتفاع
Angolo	زاوية
Calcolo	حساب
Cerchio	دائرة
Curva	منحنى
Diametro	قطر
Dimensione	البعد
Equazione	معادلة
Logica	منطق
Mediano	الوسيط
Numero	رقم
Orizzontale	أفقي
Parallelo	مواز
Proporzione	نسبة
Segmento	قطعة
Simmetria	تناظر
Superficie	سطح
Teoria	نظرية
Triangolo	مثلث
Verticale	عمودي

Giardinaggio
البستنة

Acqua	ماء
Botanico	نباتي
Clima	مناخ
Commestibile	صالح للأكل
Compost	سماد
Contenitore	وعاء
Esotico	غريب
Fiorire	زهر
Floreale	الأزهار
Foglia	ورقة
Fogliame	أوراق الشجر
Frutteto	بستان
Mazzo	باقة أزهار
Semi	بذور
Specie	الأنواع
Sporco	التراب
Stagionale	موسمي
Suolo	تربة
Tubo	خرطوم
Umidità	رطوبة

Giardino
حديقة

Albero	شجرة
Amaca	أرجوحة
Cespuglio	بوش
Erba	عشب
Erbacce	الأعشاب
Fiore	زهرة
Frutteto	بستان
Garage	كراج
Giardino	حديقة
Pala	مجرفة
Panca	مقعد
Portico	رواق
Rastrello	أشعل النار
Recinto	سياج
Stagno	بركة
Suolo	تربة
Terrazza	مصطبة
Trampolino	الترامبولين
Tubo	خرطوم
Vite	كرمة

Giorni e Mesi
الأيام والأشهر

Agosto	أغسطس
Anno	سنة
Aprile	أبريل
Calendario	تقويم
Dicembre	ديسمبر
Domenica	الأحد
Febbraio	فبراير
Gennaio	يناير
Giugno	يونيو
Luglio	يوليو
Lunedì	الاثنين
Martedì	الثلاثاء
Mercoledì	الأربعاء
Mese	شهر
Novembre	نوفمبر
Ottobre	أكتوبر
Sabato	السبت
Settembre	سبتمبر
Settimana	أسبوع
Venerdì	الجمعة

Governo
الحكومة

Capo	زعيم
Cittadinanza	المواطنة
Civile	مدني
Costituzione	دستور
Democrazia	ديمقراطية
Discorso	خطاب
Discussione	نقاش
Giudiziario	قضائي
Giustizia	عدالة
Indipendenza	استقلال
Legge	قانون
Libertà	حرية
Monumento	نصب
Nazionale	وطني
Nazione	أمة
Politica	سياسة
Quartiere	منطقة
Simbolo	رمز
Stato	حالة
Uguaglianza	المساواة

Guida
القيادة

Auto	سيارة
Autobus	حافلة
Carburante	وقود
Freni	فرامل
Garage	كراج
Gas	غاز
Incidente	حادث
Licenza	رخصة
Mappa	خريطة
Moto	دراجة نارية
Motore	محرك
Pedonale	المشاة
Pericolo	خطر
Polizia	شرطة
Sicurezza	أمن
Strada	طريق
Traffico	حركة المرور
Trasporto	النقل
Tunnel	نفق
Velocità	سرعة

I Media
وسائل الإعلام

Atteggiamenti	المواقف
Commerciale	تجاري
Comunicazione	الاتصالات
Digitale	رقمي
Edizione	الإصدار
Educazione	تعليم
Fatti	حقائق
Finanziamento	التمويل
Foto	الصور
Giornali	الصحف
Individuale	فرد
Industria	صناعة
Intellettuale	الفكرية
Locale	محلي
Online	على الشبكة
Opinione	رأي
Pubblico	عام
Radio	راديو
Rete	شبكة الاتصال
Televisione	تلفزيون

Imbarcazioni
القوارب

Albero	سارية
Ancora	مرساة
Barca a Vela	مركب شراعي
Boa	عوامة
Canoa	الزورق
Corda	حبل
Equipaggio	طاقم
Fiume	نهر
Kayak	كاياك
Lago	بحيرة
Mare	بحر
Marea	المد
Marinaio	بحار
Motore	محرك
Nautico	بحري
Oceano	محيط
Onde	أمواج
Traghetto	العبارة
Yacht	يخت
Zattera	طوف

Ingegneria
الهندسة

Angolo	زاوية
Asse	محور
Calcolo	حساب
Costruzione	بناء
Diagramma	رسم بياني
Diametro	قطر
Diesel	ديزل
Distribuzione	توزيع
Energia	طاقة
Forza	قوة
Ingranaggi	التروس
Liquido	سائل
Macchina	آلة
Misurazione	قياس
Motore	محرك
Profondità	عمق
Propulsione	الدفع
Rotazione	دوران
Stabilità	استقرار
Struttura	هيكل

Insetti
الحشرات

Afide	المن
Ape	نحلة
Calabrone	الدبور
Cavalletta	جندب
Cicala	الزيز
Coccinella	الخنفساء
Coleottero	خنفساء
Falena	عثة
Farfalla	فراشة
Formica	نملة
Larva	يرقة
Libellula	اليعسوب
Locusta	جرادة
Mantide	فرس النبي
Pulce	برغوث
Scarafaggio	صرصور
Termite	أرضة
Verme	دودة
Vespa	دبور
Zanzara	البعوض

Jazz
موسيقى الجاز

Album	ألبوم
Applauso	تصفيق
Artista	فنان
Canzone	أغنية
Compositore	ملحن
Composizione	تكوين
Concerto	حفلة موسيقية
Enfasi	التركيز
Famoso	مشهور
Genere	النوع
Improvvisazione	الارتجال
Musica	موسيقى
Nuovo	الجديد
Orchestra	أوركسترا
Preferiti	المفضلة
Ritmo	إيقاع
Stile	نمط
Talento	المواهب
Tecnica	تقنية
Vecchio	قديم

L'Azienda
الشركة

Creativo	خلاق
Decisione	قرار
Globale	عالمي
Industria	صناعة
Innovativo	مبتكر
Investimento	استثمار
Occupazione	توظيف
Possibilità	إمكانية
Presentazione	عرض
Prodotto	المنتج
Professionale	محترف
Progresso	تقدم
Qualità	جودة
Reddito	إيرادات
Reputazione	سمعة
Rischi	المخاطر
Risorse	الموارد
Salari	الأجور
Tendenze	اتجاهات
Unità	الوحدات

Letteratura
الأدب

Analisi	تحليل
Analogia	القياس
Aneddoto	حكاية
Autore	مؤلف
Conclusione	استنتاج
Confronto	مقارنة
Critica	نقد
Descrizione	وصف
Dialogo	حوار
Genere	النوع
Metafora	استعارة
Opinione	رأي
Poesia	قصيدة
Poetico	شاعري
Rima	قافية
Ritmo	إيقاع
Romanzo	رواية
Stile	نمط
Tema	موضوع
Tragedia	مأساة

Libri
كتب

Autore	مؤلف
Avventura	مغامرة
Collezione	مجموعة
Contesto	سياق الكلام
Dualità	الازدواجية
Epico	ملحمة
Inventivo	مبدع
Letterario	أدبي
Lettore	قارئ
Narratore	الراوي
Pagina	صفحة
Poesia	قصيدة
Rilevante	ذات الصلة
Romanzo	رواية
Scritto	مكتوب
Serie	سلسلة
Storia	قصة
Storico	تاريخي
Tragico	مأساوي
Umoristico	روح الدعابة

Malattia

مرض

Acuto	شديد
Addominale	البطن
Allergie	الحساسية
Batterico	بكتيري
Benessere	العافية
Contagioso	معدي
Corpo	جثة
Cronico	مزمن
Cuore	قلب
Debole	ضعيف
Ereditario	وراثي
Genetico	الوراثية
Immunità	الحصانة
Infiammazione	التهاب
Lombare	قطني
Polmonare	رئوي
Respiratorio	تنفسي
Salute	الصحة
Sindrome	متلازمة
Terapia	علاج

Mammiferi

الثدييات

Balena	حوت
Cane	كلب
Canguro	كنغر
Castoro	سمور
Cavallo	حصان
Coniglio	أرنب
Coyote	ذئب البراري
Delfino	دولفين
Elefante	الفيل
Gatto	قط
Giraffa	زرافة
Gorilla	الغوريل
Leone	أسد
Lupo	ذئب
Orso	يتحمل
Pecora	خروف
Scimmia	قرد
Toro	ثور
Volpe	فوكس
Zebra	حمار وحشي

Matematica

الرياضيات

Angoli	زوايا
Aritmetica	حساب
Decimale	عشري
Diametro	قطر
Equazione	معادلة
Esponente	أس
Frazione	جزء
Geometria	هندسة
Gradi	درجات
Numeri	الأرقام
Parallelo	موازٍ
Perimetro	محيط
Perpendicolare	عمودي
Poligono	مضلع
Quadrato	مربع
Rettangolo	مستطيل
Simmetria	تناظر
Somma	مجموع
Triangolo	مثلث
Volume	الصوت

Meditazione

التأمل

Accettazione	قبول
Attenzione	انتباه
Calma	هدوء
Chiarezza	وضوح
Compassione	عطف
Emozioni	العواطف
Gentilezza	اللطف
Gratitudine	شكر
Mentale	عقلي
Mente	عقل
Movimento	حركة
Musica	موسيقى
Natura	طبيعة
Osservazione	المراقبة
Pace	سلام
Pensieri	أفكار
Postura	الموقف
Prospettiva	المنظور
Respirazione	التنفس
Silenzio	الصمت

Meteo

الطقس

Arcobaleno	قوس قزح
Asciutto	جاف
Atmosfera	الغلاف الجوي
Brezza	نسيم
Calma	هدوء
Cielo	سماء
Clima	مناخ
Fulmine	برق
Ghiaccio	جليد
Nebbia	الضباب
Nube	سحابة
Polare	قطبي
Siccità	جفاف
Temperatura	درجة الحرارة
Tempesta	عاصفة
Tornado	إعصار
Tropicale	استوائي
Tuono	الرعد
Umido	رطب
Vento	ريح

Misurazioni

القياسات

Altezza	ارتفاع
Byte	بايت
Centimetro	سنتيمتر
Chilogrammo	كيلوغرام
Chilometro	كيلومتر
Decimale	عشري
Grado	درجة
Grammo	غرام
Larghezza	عرض
Litro	لتر
Lunghezza	الطول
Metro	متر
Minuto	دقيقة
Oncia	أوقية
Peso	وزن
Pinta	نصف لتر
Pollice	بوصة
Profondità	عمق
Tonnellata	طن
Volume	الصوت

Mitologia
الميثولوجيا

Comportamento	سلوك
Creatura	مخلوق
Creazione	خلق
Credenze	المعتقدات
Cultura	ثقافة
Disastro	كارثة
Divinità	الآلهة
Eroe	بطل
Forza	قوة
Fulmine	برق
Gelosia	الغيرة
Guerriero	محارب
Immortalità	خلود
Labirinto	متاهة
Leggenda	أسطورة
Magico	سحري
Mortale	مميت
Mostro	مسخ
Tuono	رعد
Vendetta	انتقام

Moda
أزياء

Abbigliamento	ملابس
Boutique	بوتيك
Caro	مكلفة
Confortevole	مريح
Elegante	أنيق
Minimalista	الحد الأدنى
Misure	قياسات
Moderno	حديث
Modesto	متواضع
Originale	أصلي
Pizzo	الدانتيل
Pratico	عملي
Pulsanti	أزرار
Ricamo	تطريز
Semplice	بسيط
Sofisticato	متطور
Stile	نمط
Tendenza	اتجاه
Tessuto	قماش
Trama	نسيج

Musica
موسيقى

Album	ألبوم
Armonia	انسجام
Armonico	متناسق
Ballata	أغنية
Cantante	المغني
Cantare	غنى
Classico	كلاسيكي
Coro	جوقة
Lirico	غنائية
Melodia	لحن
Microfono	ميكروفون
Musicale	موسيقي
Opera	أوبرا
Poetico	شاعري
Registrazione	تسجيل
Ritmico	إيقاعي
Ritmo	إيقاع
Strumento	أداة
Tempo	الإيقاع
Vocale	صوتي

Natura
الطبيعة

Animali	الحيوانات
Api	النحل
Artico	القطب الشمالي
Bellezza	جمال
Deserto	صحراء
Dinamico	متحرك
Erosione	تآكل
Fiume	نهر
Fogliame	أوراق الشجر
Foresta	غابة
Ghiacciaio	مثلجة
Montagne	الجبال
Nebbia	ضباب
Nuvole	سحاب
Rifugio	مأوى
Santuario	ملاذ
Selvaggio	بري
Sereno	هادئ
Tropicale	استوائي
Vitale	حيوي

Numeri
أرقام

Cinque	خمسة
Decimale	عشري
Diciannove	تسعة عشر
Diciassette	سبعة عشر
Diciotto	ثمانية عشر
Dieci	عشرة
Dodici	اثنا عشر
Due	اثنان
Nove	تسعة
Otto	ثمانية
Quattordici	أربعة عشر
Quattro	أربعة
Quindici	خمسة عشر
Sedici	ستة عشر
Sei	ستة
Sette	سبعة
Tre	ثلاثة
Tredici	ثلاثة عشر
Venti	عشرون
Zero	صفر

Nutrizione
التغذية

Amaro	مر
Appetito	شهية
Bilanciato	متوازن
Carboidrati	الكربوهيدرات
Commestibile	صالح للأكل
Dieta	حمية
Digestione	هضم
Fermentazione	تخمير
Gusto	نكهة
Liquidi	سوائل
Nutriente	المغذي
Peso	وزن
Proteine	البروتينات
Qualità	جودة
Salsa	صلصة
Salute	الصحة
Sano	صحي
Spezie	توابل
Tossina	سم
Vitamina	فيتامين

Oceano
محيط

Alghe	الطحالب
Anguilla	ثعبان
Balena	حوت
Barca	قارب
Corallo	المرجان
Delfino	دولفين
Gamberetto	جمبري
Granchio	سرطان
Maree	المد والجزر
Medusa	قنديل البحر
Onde	أمواج
Ostrica	محار
Pesce	سمك
Polpo	أخطبوط
Sale	ملح
Spugna	إسفنج
Squalo	قرش
Tartaruga	سلحفاة
Tempesta	عاصفة
Tonno	تونة

Paesaggi
المناظر الطبيعية

Cascata	شلال
Collina	تل
Deserto	صحراء
Fiume	نهر
Geyser	سخان
Ghiacciaio	مثلجة
Grotta	كهف
Iceberg	جبل جليد
Isola	جزيرة
Lago	بحيرة
Mare	بحر
Montagna	جبل
Oasi	واحة
Oceano	محيط
Palude	مستنقع
Penisola	شبه جزيرة
Spiaggia	شاطئ
Tundra	تندرا
Valle	وادي
Vulcano	بركان

Paesi #1
البلدان #1

Brasile	البرازيل
Cambogia	كمبوديا
Canada	كندا
Egitto	مصر
Finlandia	فنلندا
Germania	ألمانيا
India	الهند
Iraq	العراق
Israele	إسرائيل
Libia	ليبيا
Mali	مالي
Marocco	المغرب
Norvegia	النرويج
Panama	بنما
Polonia	بولندا
Romania	رومانيا
Senegal	السنغال
Spagna	إسبانيا
Venezuela	فنزويلا
Vietnam	فيتنام

Paesi #2
البلدان #2

Albania	ألبانيا
Danimarca	الدنمارك
Etiopia	أثيوبيا
Giamaica	جامايكا
Giappone	اليابان
Grecia	اليونان
Haiti	هايتي
Indonesia	إندونيسيا
Irlanda	أيرلندا
Laos	لاوس
Liberia	ليبيريا
Messico	المكسيك
Nepal	نيبال
Nigeria	نيجيريا
Pakistan	باكستان
Russia	روسيا
Siria	سوريا
Sudan	السودان
Ucraina	أوكرانيا
Uganda	أوغندا

Piante
النباتات

Albero	شجرة
Bacca	بيري
Bambù	بامبو
Botanica	علم النبات
Cactus	صبار
Cespuglio	بوش
Crescere	تنمو
Edera	لبلاب
Erba	عشب
Fagiolo	فاصوليا
Fertilizzante	سماد
Fiore	زهرة
Flora	النباتية
Fogliame	أوراق الشجر
Foresta	غابة
Giardino	حديقة
Muschio	طحلب
Petalo	البتلة
Radice	جذر
Vegetazione	نبت

Professioni #1
المهن #1

Allenatore	مدرب
Ambasciatore	سفير
Artista	فنان
Astronomo	فلكي
Avvocato	محامي
Ballerino	راقصة
Banchiere	مصرفي
Cacciatore	صياد
Cartografo	رسام خرائط
Editore	محرر
Farmacista	صيدلي
Geologo	جيولوجي
Gioielliere	صائغ
Idraulico	سباك
Infermiera	ممرض
Marinaio	بحار
Pianista	عازف البيانو
Psicologo	علم النفس
Scienziato	عالم
Veterinario	طبيب بيطري

Professioni #2
المهن #2

Agricoltore	مزارع
Astronauta	رائد فضاء
Bibliotecario	أمين المكتبة
Biologo	أحيائي
Chirurgo	جراح
Dentista	طبيب أسنان
Filosofo	فيلسوف
Giardiniere	بستاني
Giornalista	صحفي
Illustratore	المصور
Ingegnere	مهندس
Insegnante	مدرس
Inventore	مخترع
Investigatore	محقق
Linguista	لغوي
Medico	طبيب
Pilota	طيار
Pittore	دهان
Ricercatore	باحث
Zoologo	عالم الحيوان

Psicologia
علم النفس

Appuntamento	موعد
Clinico	مرضي
Cognizione	معرفة
Comportamento	سلوك
Conflitto	نزاع
Ego	الأنا
Emozioni	العواطف
Idee	الأفكار
Inconscio	فاقد الوعي
Infanzia	مرحلة الطفولة
Influenze	تأثيرات
Pensieri	أفكار
Percezione	الإدراك
Personalità	شخصية
Problema	مشكلة
Realtà	واقع
Sensazione	إحساس
Sogni	أحلام
Terapia	علاج
Valutazione	تقيم

Riscaldamento Globale
الاحتباس الحراري

Ambientale	البيئة
Artico	القطب الشمالي
Attenzione	انتباه
Clima	مناخ
Crisi	أزمة
Dati	البيانات
Energia	طاقة
Futuro	مستقبل
Gas	غاز
Generazioni	الأجيال
Governo	حكومة
Habitat	بيئات
Industria	صناعة
Internazionale	دولي
Legislazione	تشريع
Ora	الآن
Popolazioni	السكان
Scienziato	عالم
Sviluppo	تطور
Temperature	درجات الحرارة

Ristorante #1
مطعم #1

Allergia	حساسية
Caffè	قهوة
Cameriera	نادلة
Carne	لحم
Cassiere	صراف
Cibo	طعام
Ciotola	وعاء
Coltello	سكين
Cucina	مطبخ
Dessert	حلوى
Ingredienti	مكونات
Mangiare	لتناول الطعام
Menù	قائمة
Pane	خبز
Piatto	طبق
Piccante	حار
Pollo	دجاج
Prenotazione	حجز
Salsa	صلصة
Tovagliolo	منديل

Salute e Benessere #1
الصحة والعافية #1

Abitudine	عادة
Altezza	ارتفاع
Attivo	نشط
Batteri	بكتيريا
Clinica	عيادة
Fame	جوع
Farmacia	صيدلية
Frattura	كسر
Medicina	دواء
Medico	طبيب
Muscoli	عضلات
Nervi	أعصاب
Ormoni	الهرمونات
Pelle	جلد
Postura	الموقف
Riflesso	منعكس
Rilassamento	استرخاء
Terapia	علاج
Trattamento	العلاج
Virus	فيروس

Salute e Benessere #2
الصحة والعافية #2

Allergia	حساسية
Anatomia	تشريح
Appetito	شهية
Corpo	جثة
Dieta	حمية
Digestione	هضم
Disidratazione	تجفاف
Energia	طاقة
Genetica	علم الوراثة
Igiene	النظافة
Infezione	عدوى
Malattia	مرض
Massaggio	تدليك
Nutrizione	تغذية
Ospedale	مستشفى
Peso	وزن
Recupero	التعافي
Sangue	دم
Sano	صحي
Vitamina	فيتامين

Scacchi
شطرنج

Avversario	الخصم
Bianco	أبيض
Campione	بطل
Concorso	منافسة
Diagonale	قطري
Giocatore	لاعب
Gioco	لعبه
Intelligente	ذكي
Nero	أسود
Passivo	مبني للمجهول
Per Imparare	ليتعلم
Punti	النقاط
Re	ملك
Regina	ملكة
Regole	قواعد
Sacrificio	تضحية
Sfide	التحديات
Strategia	إستراتيجية
Tempo	الوقت
Torneo	مسابقة

Spezie
التوابل

Aglio	ثوم
Amaro	مر
Anice	اليانسون
Cannella	قرفة
Cardamomo	حب الهال
Cipolla	بصل
Coriandolo	كزبرة
Cumino	كمون
Curcuma	كركم
Curry	كاري
Dolce	حلو
Finocchio	الشمرة
Liquirizia	عرق السوس
Noce Moscata	جوزة الطيب
Paprika	فلفل أحمر
Pepe	فلفل
Sale	ملح
Vaniglia	فانيلا
Zafferano	زعفران
Zenzero	زنجبيل

Strumenti Musicali
آلات موسيقية

Armonica	هارمونيكا
Arpa	جنك
Banjo	البانجو
Chitarra	قيثارة
Clarinetto	مزمار
Fagotto	باسون
Flauto	ناي
Gong	ناقوس
Mandolino	مندولين
Marimba	ماريمبا
Oboe	المزمار
Percussione	قرع
Pianoforte	بيانو
Sassofono	ساكسفون
Tamburello	دف صغير
Tamburo	طبل
Tromba	بوق
Trombone	الترومبون
Violino	كمان
Violoncello	التشيلو

Tempo
الوقت

Anno	سنة
Annuale	سنوي
Calendario	تقويم
Decennio	العقد
Dopo	بعد
Futuro	مستقبل
Giorno	يوم
Ieri	أمس
Mattina	صباح
Mese	شهر
Mezzogiorno	وقت الظهيرة
Minuto	دقيقة
Momento	لحظة
Notte	الليل
Oggi	اليوم
Ora	ساعة
Presto	قريبا
Prima	قبل
Secolo	قرن
Settimana	أسبوع

Tipi di Capelli
أنواع الشعر

Argento	فضة
Asciutto	جاف
Bianco	أبيض
Biondo	أشقر
Breve	قصيرة
Calvo	أصلع
Colorato	ملون
Grigio	رمادي
Intrecciato	مضفر
Lungo	طويل
Marrone	بني
Morbido	ناعم
Nero	أسود
Ondulato	متموج
Riccio	مجعد
Riccioli	تجعيد الشعر
Sano	صحي
Sottile	رقيق
Spessore	سميك
Trecce	الضفائر

Uccelli
الطيور

Airone	هيرون
Anatra	بطة
Aquila	نسر
Cicogna	اللقلق
Cigno	بجعة
Cuculo	الوقواق
Falco	هوك
Fenicottero	نحام
Gabbiano	نورس
Oca	إوز
Pappagallo	ببغاء
Passero	عصفور
Pavone	الطاووس
Pellicano	البجع
Piccione	حمامة
Pinguino	البطريق
Pollo	دجاج
Struzzo	نعامة
Tucano	طوقان
Uovo	بيضة

Vacanze #2
عطلة #2

Aeroporto	مطار
Campeggio	تخييم
Destinazione	وجهة
Foto	الصور
Hotel	فندق
Isola	جزيرة
Mappa	خريطة
Mare	بحر
Passaporto	جواز سفر
Ristorante	مطعم
Spiaggia	شاطئ
Straniero	أجنبي
Taxi	تاكسي
Tempo Libero	الترفيه
Tenda	خيمة
Trasporto	النقل
Treno	قطار
Vacanza	عطلة
Viaggio	رحلة
Visto	تأشيرة

Veicoli
المركبات

Aereo	طائرة
Ambulanza	سيارة إسعاف
Auto	سيارة
Autobus	حافلة
Barca	قارب
Bicicletta	دراجة
Camion	شاحنة
Caravan	قافلة
Elicottero	هليكوبتر
Metropolitana	مترو
Motore	محرك
Pneumatici	الإطارات
Razzo	صاروخ
Scooter	سكوتر
Sottomarino	غواصة
Taxi	تاكسي
Traghetto	العبارة
Trattore	جرار
Treno	قطار
Zattera	طوف

Verdure
خضروات

Aglio	ثوم
Broccolo	بروكلي
Carciofo	خرشوف
Carota	جزر
Cetriolo	خيار
Cipolla	بصل
Fungo	فطر
Insalata	سلطة
Melanzana	باذنجان
Patata	البطاطس
Pisello	البازلاء
Pomodoro	طماطم
Prezzemolo	بقدونس
Rapa	لفت
Ravanello	فجل
Scalogno	الكراث
Sedano	كرفس
Spinaci	سبانخ
Zenzero	زنجبيل
Zucca	يقطين

Vestiti
ملابس

Abito	فستان
Braccialetto	سوار
Camicetta	بلوزة
Camicia	قميص
Cappello	قبعة
Cappotto	معطف
Cintura	حزام
Collana	قلادة
Giacca	السترة
Gonna	تنورة
Grembiule	مئزر
Guanti	قفازات
Jeans	جينز
Maglione	سترة
Moda	موضة
Pantaloni	سروال
Pigiama	ملابس نوم
Sandali	صندل
Scarpa	حذاء
Sciarpa	وشاح

Congratulazioni

Ce l'hai fatta!

Speriamo che questo libro vi sia piaciuto tanto quanto a noi è piaciuto concepirlo. Ci sforziamo di creare libri della più alta qualità possibile.
Questa edizione è progettata per fornire un apprendimento intelligente, di qualità e divertente!

Le è piaciuto questo libro?

Una Semplice Richiesta

Questi libri esistono grazie alle recensioni che pubblicate.

Puoi aiutarci lasciando una recensione
ora a questo link ?

BestBooksActivity.com/Recensioni50

SFIDA FINALE!

Sfida n°1

Sei pronto per il tuo gioco gratuito? Li usiamo sempre, ma non sono così facili da trovare - ecco i Sinonimi!
Scrivi 5 parole che hai trovato nei puzzle (n° 21, n° 36, n° 76) e prova a trovare 2 sinonimi per ogni parola.

*Scrivi 5 parole del **Puzzle 21***

Parole	Sinonimo 1	Sinonimo 2

*Scrivi 5 parole del **Puzzle 36***

Parole	Sinonimo 1	Sinonimo 2

*Scrivi 5 parole del **Puzzle 76***

Parole	Sinonimo 1	Sinonimo 2

Sfida n°2

Ora che ti sei riscaldato, scrivi 5 parole che hai trovato nei puzzle n° 9, n° 17 e n° 25 e cerca di trovare 2 contrari per ogni parola. Quanti ne puoi trovare in 20 minuti?

Scrivi 5 parole del ***Puzzle 9***

Parole	Antonimo 1	Antonimo 2

Scrivi 5 parole del ***Puzzle 17***

Parole	Antonimo 1	Antonimo 2

Scrivi 5 parole del ***Puzzle 25***

Parole	Antonimo 1	Antonimo 2

Sfida n°3

Grande! Questa sfida  non è niente per te!

Pronto per la sfida finale? Scegli 10 parole che hai scoperto nei diversi puzzle e scrivile qui sotto.

1.	6.
2.	7.
3.	8.
4.	9.
5.	10.

Ora scrivi un testo pensando a una persona, un animale o un luogo che ti piace.

Puoi usare l'ultima pagina di questo libro come bozza.

La tua composizione:

TACCUINO:

A PRESTO!

Tutta la Squadra

www.ingramcontent.com/pod-product-compliance
Lightning Source LLC
Chambersburg PA
CBHW082051120626
46553CB00011B/3362
9798896705550